btb

Buch

Daß Philosophie vergnüglich sein kann und höchst unterhaltend, das hat der italienische Bestsellerautor und Publikumsliebling Luciano De Crescenzo längst bewiesen – mit seinem Buch »Also sprach Bellavista« ebenso wie mit seiner »Geschichte der griechischen Philosophie«. In dem vorliegenden Buch nun wendet er sich grundlegenden philosophischen Problemen zu und fragt sich, was überhaupt zur Beschäftigung mit solchen Themen führt. Richtig – der Zweifel. Er bringt den Menschen dazu, Gott und die Welt nicht einfach stoisch hinzunehmen, sondern diese radikal in Frage zu stellen und immer wieder nach der Ursache oder dem Ursprung unseres Seins zu forschen. Ist es da nicht einfach an der Zeit, ein Lob des Zweifels anzustimmen? Luciano De Crescenzo stellt sich drei grundlegende Fragen: Was ist die Zeit? Was ist der Raum? Bestimmen der Zufall oder das Schicksal den Lauf der Welt? Und der Leser darf sicher sein, daß ihn hier keine theoretischen Abhandlungen erwarten, sondern originelle und mit Esprit geschriebene Betrachtungen über Probleme, die den denkenden Menschen schon immer beschäftigt haben.

»De Crescenzo macht süchtig: Worüber immer er auch schreibt, ob über Neapel, Mailand oder griechische Philosophie – alles wird bei ihm zum Bildungs- und Lesevergnügen.« (BRIGITTE)

Autor

Luciano De Crescenzo, in Neapel geboren, arbeitete als Ingenieur bei IBM, bis der überwältigende Erfolg von »Also sprach Bellavista« sein Leben radikal veränderte. Was immer er danach schrieb, es wurde ein Bestseller.

Im Albrecht Knaus Verlag bereits erschienen:

»Helena, Helena, amore mio«, »Im Bauch der Kuh«, »Meine Traviata« sowie »Alles fließt, sprach Heraklit«. Die ersten beiden Bücher sind auch als Goldmann-Taschenbücher lieferbar.

Bei btb bereits erschienen:

Meine Traviata (72001)

Luciano De Crescenzo

Lob des Zweifels
Philosophische Betrachtungen

*Deutsch von Bruno Genzler
und Linde Birk*

btb

Die italienische Originalausgabe erschien 1992
unter dem Titel »Il dubbio«
bei Arnoldo Mondadori Editore, Mailand

Die Einleitung, das Zwischenwort sowie das 1. und 4. Kapitel wurden
von Bruno Genzler übersetzt, Kapitel 2 und 3 von Linde Birk

Umwelthinweis:
Alle bedruckten Materialien dieses Taschenbuches
sind chlorfrei und umweltschonend.

btb Taschenbücher erscheinen im Goldmann Verlag,
einem Unternehmen der Verlagsgruppe Bertelsmann.

2. Auflage
Deutsche Erstveröffentlichung November 1996
Copyright © Luciano De Crescenzo 1992
First published by Arnoldo Mondadori Editore, Milano, 1992
Copyright © der deutschsprachigen Ausgabe 1996
by Wilhelm Goldmann Verlag, München
Umschlaggestaltung: Design Team München
Satz: IBV Satz- und Datentechnik GmbH, Berlin
CV · Herstellung: Augustin Wiesbeck
Made in Germany
ISBN 3-442-72069-9

Inhalt

Einleitung
Die großen Fragen 7
1. Kapitel
Zufall und Notwendigkeit 13
Zwischenwort 41
2. Kapitel
Der positive Zweifel 47
3. Kapitel
Die Zeit 87
4. Kapitel
Der Raum 103
Kleine Bibliographie 119

Einleitung

DIE GROSSEN FRAGEN

»Glaubst du an Gott?«

»Natürlich glaube ich an Gott.«

»Aber auch wirklich, aus voller Überzeugung?«

»Ja, wirklich.«

»Und du hast nie daran gezweifelt, nicht ein einziges Mal, keinen Moment lang?«

»Wie meinst du das?«

»Na, ist dir nie, ganz unwillkürlich, irgendwann einmal der Gedanke gekommen: ›Und was, wenn nach dem Tod nichts mehr kommt? Wenn danach alles aus ist? Schluß, vorbei.‹«

»Mein Gott, natürlich habe ich so was schon mal gedacht. Da bin ich wohl nicht der einzige. Aber dann denkt man eben ein bißchen länger darüber nach, und dann weiß man es wieder.«

»Oder man zweifelt noch mehr. Darf ich dir

noch eine Frage stellen, die auch nicht ganz einfach ist?«

»Ja, schieß los.«

»Wie alt bist du?«

»Zwanzig. Als ob du das nicht wüßtest.«

»Und wie viele Jahre, meinst du, bleiben dir noch?«

»Du fragst Sachen! Woher soll ich das wissen? Vielleicht achtzig, vielleicht auch kein einziges mehr. Aber ich verstehe nicht, was das mit der Existenz Gottes zu tun hat.«

»Und ob das damit zu tun hat! Oder sag mir mal: Wie lange dauert es, bis achtzig Jahre vergangen sind?«

»Na, achtzig Jahre natürlich.«

»Und da bist du dir ganz sicher?«

»Du bist gut: Achtzig Jahre dauern eben achtzig Jahre. Das liegt doch auf der Hand.«

»Denkst du. Aber so eindeutig ist das nicht. Manchmal gehen achtzig Jahre im Nu vorbei, andere Male dauern sie eine Ewigkeit. Der Begriff Zeit ist genauso schwierig zu fassen wie unsere Vorstellung von Gott. Es ist für den Menschen geradezu anmaßend zu behaupten, die Zeit zu verstehen, ähnlich wie der Anspruch, Gott zu verstehen.«

»Was meinst du denn damit, die Zeit zu verstehen?«

»Damit meine ich zu verstehen, was das ›Vorher‹, das ›Jetzt‹ und das ›Danach‹ ist.«

»Nenn mir ein Beispiel für das ›Vorher‹.«

»Wo warst du, bevor du geboren wurdest?«

»Keine Ahnung.«

»Und wohin kommst du nach deinem Tod.«

»Na, hoffentlich in den Himmel.«

»Und wieso bist du dir beim ›Danach‹ so sicher, und über das ›Vorher‹ weißt du gar nichts?«

»Und das ›Jetzt‹?«

»Ja, das ist das Allerschwierigste.«

So sahen, wenn auch nicht wörtlich, unsere Gespräche aus, wenn wir jungen Leute früher bei einer Pizza und einem Glas Bier in der Trattoria zusammensaßen; und so sehen die Gespräche aus, die wir heute unter Freunden führen, im Luxusrestaurant bei Spaghetti mit Hummer und Spitzenweinen. Nur zwei Dinge haben sich geändert: der Preis fürs Essen – der ist gestiegen –, und die Jahre, die uns noch bleiben – die sind weniger geworden. Die großen Fragen aber bleiben sich immer gleich, und sie umschwirren uns wie Nachtfalter, besonders abends nach einem guten Essen. Vergebliche Mühe, sie vertreiben zu wollen: Sie entfernen sich bloß ein wenig und tauchen dann wieder auf, leiser, doch beharrlicher als zuvor.

Für dieses Büchlein habe ich drei dieser großen Fragen ausgewählt. Natürlich sind auch von mir keine endgültigen Antworten zu erwarten, jedoch soll hier der Versuch einer Antwort gewagt werden. Es sind dies Fragen, die seit jeher die großen Denker fasziniert haben.

Frage Nummer eins: Wer lenkt unsere Geschicke auf dieser Welt? Der Zufall oder das Schicksal?

Frage Nummer zwei: Was ist Zeit?

Frage Nummer drei: Was ist Raum?

Wie man sieht, liegen diese Themen nahe beisammen. So nahe, daß man sich mit keinem von ihnen beschäftigen kann, ohne unweigerlich früher oder später auch die anderen anzuschneiden.

Vor Jahren habe ich einen sehr beeindruckenden Film von Peter Weir gesehen: *Picknick am Valentinstag*. Er handelt von drei Schülerinnen, die die Grenze zu einer Welt mit anderen Dimensionen überschreiten. Eine australische Schulklasse macht eines Tages einen Ausflug in eine einsame Gebirgslandschaft. Ein paar Mädchen wollen die Gegend erkunden und setzen sich von den anderen ab. Dabei steigen sie in eine dunkle

Schlucht hinab und verschwinden für immer. Eine der Lehrerinnen, die sich auf die Suche nach den Mädchen macht, ereilt das gleiche Schicksal. Tagelang durchkämmen die Leute aus dem Ort das unwegsame, zerklüftete Gelände. Doch vergeblich – die Spuren der Frauen haben sich verloren; sie werden nicht gefunden, weder tot noch lebendig. Nach ein paar Tagen jedoch taucht plötzlich eins der Mädchen wieder auf: Es wirkt zwar etwas mitgenommen, ist aber sonst unverletzt. Die anderen umringen es, bestürmen es mit ihren Fragen, wollen wissen, was denn passiert sei. Aber es antwortet nicht. Oder genauer, es ist nicht in der Lage, etwas von dem zu erzählen, was vorgefallen ist.

Anscheinend haben die vier Frauen die Schwelle zu einer anderen Welt überschritten, zu einer Welt ohne Raum, ohne Zeit. Zu einer Welt mit uns unbekannten Dimensionen. Nur, wieso kann die einzige Überlebende diese Welt nicht beschreiben? Aus einem einfachen Grund: Sie hat keine Worte für diese Welt. Man stelle sich vor, einem Menschen, der von Geburt an blind ist, beschreiben zu müssen, was Grün und was Gelb ist und wie diese beiden Farben sich unterscheiden. Das ist praktisch unmöglich.

Dennoch könnte es solche anderen Welten tatsächlich geben: Ich stelle sie mir als riesige schwarze Löcher vor, die uns gierig und gut versteckt jenseits der Grenzen unserer Existenz erwarten. Damit will ich, um Gottes willen, nicht sagen, ich würde nicht an das christliche Jenseits glauben. Ich erlaube mir nur zu bezweifeln, daß Hölle, Fegefeuer und Paradies tatsächlich so klar strukturierte, imposante Bereiche sind, wie Dante Alighieri und Gustave Doré uns glauben machen wollten. Sicher ist jedoch, daß wir keinerlei Verbindung zu diesen Welten haben.

In der Antike hieß es, um auf die Erde zurückkehren zu können, müßten die Seelen der Verstorbenen Wasser aus dem Fluß Lethe trinken, dem Fluß des Vergessens. Vielleicht kann ich auch deswegen nichts von meinem ›Vorher‹ erzählen und über mein ›Danach‹ nur Vermutungen anstellen. Aber ich habe so ein vages Gefühl, und daran klammere ich mich, in Ermangelung eines Glaubens, der diese Bezeichnung wirklich verdienen würde.

1. Kapitel

ZUFALL UND NOTWENDIGKEIT

Die Nacht war stockfinster und stürmisch. Ein ziemlich klapperiges Auto, vielleicht ein Relikt aus den sechziger Jahren, schleppte sich keuchend die Steigung hoch, die von der Autobahnabzweigung zu den Castelli Romani führt. Dabei kroch der Wagen nicht stetig vorwärts, sondern hüpfte und ruckelte heftig, als würde der Motor nur stoßweise mit Treibstoff versorgt. Schließlich drehte er immer langsamer, ließ noch ein paar letzte Seufzer vernehmen und blockierte dann ganz. Ein schwarz gekleideter Mann stieg aus dem Wagen, öffnete die Motorhaube und schüttelte nur den Kopf, was soviel heißen mochte wie: Von Motoren hab ich wirklich keine Ahnung; mir wird nichts anderes übrigbleiben, als mir helfen zu lassen.

Nur von wem? Weit und breit war keine Menschenseele zu sehen. Und anscheinend hatten sich die Mächte des Schicksals allesamt gegen ihn verschworen, denn in der Zwischenzeit hatte es auch noch zu regnen begonnen. Während er sich noch umschaute, erblickte er etwa zwanzig Meter entfernt ein offenes Tor, das zu einem Grundstück führte. Der Mann überlegte nicht lange und hastete darauf zu, in der Hoffnung, dort jemanden zu finden, der ihm helfen könnte. Er hinkte.

Die Marchesa Maria Antonietta di Sangro hatte ihren fünfundsechzigsten Geburtstag zum Anlaß genommen, ein Essen zu geben. Signora Venusio, eine bekannte Fernsehastrologin, und Monsignore Gardini, Bischof von Latina und Freund der Familie, trafen als erste ein. Kaum hatten die Gäste im Salon Platz genommen, als Giuseppe, der Diener, eintrat, um der Hausherrin mitzuteilen, ein Herr stehe an der Tür und bitte darum, telefonieren zu dürfen; er habe eine Autopanne und wolle versuchen, einen Abschleppdienst zu erreichen. Die vornehme Dame entschuldigte sich bei ihren Gästen und verließ den Salon, während zwischen dem Marchese, dem Bischof und der Astrologin gerade ein Gespräch in Gang kam.

»So, Sie moderieren eine Astrologie-Sendung im Fernsehen?« wandte sich Seine Eminenz an Signora Venusio.

»Ja, auf einem Lokalsender. Sie können sich gar nicht vorstellen, wie anstrengend das ist, täglich zwölf verschiedene Horoskope auszuarbeiten.«

»Verzeihen Sie, Signora«, entgegnete der Geistliche lächelnd, »aber ich glaube nicht an die Macht der Sterne und daher auch nicht an Ihre großen Mühen. Seien Sie mir nicht böse, aber ich kann mir beim besten Willen nicht vorstellen, was so anstrengend daran sein kann, ein Dutzend Horoskope mit den üblichen Vorhersagen und Warnungen zu erstellen. Wie etwa: Geldprobleme lösen sich… Vorsicht bei Ratschlägen von Freunden… Bereiten Sie sich auf eine Reise vor und dergleichen mehr.«

»Offensichtlich verstehen Sie nichts von Horoskopen, Eminenz«, entgegnete Signora Venusio leicht gekränkt. »Die Astrologie ist eine ernstzunehmende Wissenschaft mit verbindlichen Gesetzen. So hat jeder Planet zum Beispiel ganz bestimmte, allgemein anerkannte Eigenschaften. Und daher auch einen ganz bestimmten Einfluß auf die Ereignisse der Zukunft. Als Astrologin kann ich mir da nicht irgend etwas ausdenken,

15

wie es mir gerade paßt. Ich würde Gefahr laufen, vom erstbesten als Lügnerin entlarvt zu werden.«

»Aber wer sollte denn dahinterkommen?«

»Na, Sie sind gut. Die Zuschauer verschlingen heute doch alles, was es über Astrologie zu lesen gibt. Und oft genug wissen sie dann besser Bescheid als wir Experten selbst.«

»Entschuldigen Sie, Signora«, unterbrach sie der Bischof, »ich will ganz offen sein: Wenn diese Zuschauer etwas mehr beten und etwas weniger Horoskope lesen würden, wäre es um ihre Zukunft wohl besser bestellt.«

»Mir ist klar, daß Sie sich als ein Mann der Kirche nicht für die Astrologie aussprechen können. Doch wenn Sie ein bißchen überlegen, wird Ihnen klar werden, daß wir beide im Grunde sehr ähnliche Aufgaben zu erfüllen haben: Wir helfen den Mitmenschen, die einen Glauben brauchen.«

»Keineswegs«, protestierte der Bischof, jetzt seinerseits leicht gekränkt. »Sie verwechseln Glauben mit Leichtgläubigkeit, was ja wohl zwei sehr verschiedene Dinge sind.«

»Und doch stützen wir uns alle beide auf ein Mysterium!«

»Nur hat unseres vor zweitausend Jahren begonnen...«

»Ja? Und unseres noch viertausend Jahre früher, mit den Babyloniern!«

Es war dieselbe stockfinstere, stürmische Nacht. Stefania, die Enkelin der Marchesa, stritt sich heftig mit ihrem Verlobten Giorgio Carli, zweiundzwanzig Jahre alt, Mathematikstudent an der Universität La Sapienza. Der *casus belli*: ein Kuß, den das Mädchen einem Kommilitonen gegeben hatte.

»Das war doch kein richtiger Kuß, bloß eine Begrüßung!« stellte Stefania klar.

»Ein Kuß auf den Mund?« fragte Giorgio.

»O Mann, wie oft muß ich dir noch sagen, daß wir uns schon immer so begrüßt haben, seit unserer gemeinsamen Zeit im Gymnasium. Warum mußt du nur unbedingt etwas Verdorbenes darin sehen? Ach, ich weiß schon, warum: Weil du selbst verdorben bist... verdorben in der Seele!«

»Jetzt bin ich also verdorben«, erwiderte Giorgio, um einen ironischen Unterton bemüht. »Dann entschuldige bitte, daß ich überhaupt etwas gesagt habe: Küß ruhig sämtliche Männer an der Uni! Ich tue einfach so, als wäre nichts dabei.«

»Warum willst du denn nicht verstehen, daß mir Fabio als Mann vollkommen gleichgültig ist?

Fabio ist ein Bürschchen, gerade mal achtzehn. Er ist für mich wie ein Bruder...«

»Und einen Bruder würdest du auf den Mund küssen?«

»Giorgio, nun hör endlich auf! Wir gehen jetzt runter und versuchen, Großmutter das Fest nicht zu verderben. Der Monsignore ist, glaube ich, schon eingetroffen.«

»Schade, daß du deine Freundin Eleonora nicht eingeladen hast, sonst hätte ich sie auf meine Art begrüßen können, oder besser, auf deine Art.«

»Verdorbener Kerl!«

Die Marchesa Maria Antonietta ging dem ganz in Schwarz gekleideten Herrn entgegen, der auf einem der furchtbar unbequemen Stühlen in der Halle Platz genommen hatte.

»Erlauben Sie?« sagte er und sprang auf, um der Marchesa die Hand zu küssen. »Mein Name ist Luigi De Conciliis. Ingenieur. Ich bin unterwegs nach Nemi. Leider ist mein Wagen liegengeblieben, direkt vor Ihrer Villa. Verzeihen Sie bitte, wenn ich Ihnen Unannehmlichkeiten bereite, aber ich wäre Ihnen sehr verbunden, wenn ich in Rom anrufen dürfte, um ein Taxi und, wenn möglich, auch einen Abschleppwagen kommen zu lassen.«

»Aber selbstverständlich«, antwortete die Marchesa mit einem gewinnenden Lächeln, und dann, an den Diener gewandt: »Giuseppe, begleiten Sie den Herrn ins Arbeitszimmer. Und bringen Sie ihm die Gelben Seiten.«

»Sehr freundlich, Signora. Ich weiß gar nicht, wie ich Ihnen danken soll.«

»Keine Ursache. Lassen Sie sich ruhig Zeit. Doch sagen Sie, sind Sie zufällig mit den De Conciliis in Neapel verwandt?«

»Mario De Conciliis ist mein Bruder.«

»Nein, welch ein Zufall! Wissen Sie, daß ich vor vielen, vielen Jahren mit Mario zusammen eine kulturelle Gesellschaft gegründet habe, eine Gesellschaft, die sich zum Ziel gesetzt hatte, die Literatur unter jugendlichen Strafgefangenen zu verbreiten.«

»Tatsächlich? Dann müssen Sie die Marchesa di Sangro sein.«

»Ganz richtig. Die bin ich.«

Leider erwiesen sich Telefon und Gelbe Seiten für den Ingenieur sehr bald als wenig hilfreich. Unter keiner der gewählten Nummern fand er Anschluß.

»Hören Sie, Ingegnere«, sagte die Marchesa nach einer Weile, nicht ohne eine gewisse Verlegenheit. »Um diese Zeit werden Sie schwerlich noch jemanden erreichen, der Ihnen weiterhelfen kann. Außerdem ist heute Sonntag. Wir haben jedoch in unserem Haus jederzeit einige Zimmer für Gäste frei. Falls Sie nicht ganz dringend nach Nemi müssen, könnten Sie auch über Nacht hier bleiben, und dann, so Gott will, morgen früh in Ruhe alles Notwendige in die Wege leiten.«

»Marchesa, Sie verwirren mich ... ich weiß gar nicht, wie ich Ihnen danken soll.«

»Übrigens habe ich auch einige Gäste zum Essen eingeladen. Wenn Sie sich vielleicht zu uns gesellen wollen ...«

Und so wurde ein weiteres Gedeck aufgelegt. Insgesamt waren sie nun zu siebt: die Marchesa und der Marchese, ihre Enkelin Stefania mit ihrem Verlobten Giorgio Carli, Monsignore Gardini, die Astrologin Signora Venusio sowie der unerwartete Gast, der hinkende Ingenieur De Conciliis. Irgendwann kam man auf das Buch *Zufall und Notwendigkeit* von Jacques Monod zu sprechen.

»Für die Griechen war Ananke, die Göttin der Notwendigkeit, die mächtigste Göttin im ganzen Olymp«, sagte der Ingenieur. »Sogar der Göttervater Zeus selbst mußte sich ihrem Willen beugen. Wenn Ananke zum Beispiel entschieden hatte, daß es Ödipus vorherbestimmt war, seinen Vater umzubringen und sich mit seiner eigenen Mutter zu vermählen, dann konnten weder Götter noch Sterbliche den Lauf der Ereignisse aufhalten.«

»Sehen Sie, Monsignore, schon die alten Griechen, diese großen Denker, waren meiner Meinung!« rief die Astrologin aus, erfreut, Unterstützung für ihre Ansichten zu finden.

»Einverstanden«, sagte der Ingenieur, »doch bleibt immer, wenn eine Vorhersage in Erfüllung geht, die Frage offen, ob die Macht des Schicksals oder der Zufall dahintersteht. Und noch interessanter ist ja die Frage, ob das ganze Universum ein Kind des Zufalls ist oder auf einen göttlichen Plan zurückgeht.«

»Hoffentlich erwarten Sie die Antwort nicht von mir. Ich könnte doch nichts anderes tun, als wieder einmal die alte Leier von der Schöpfung herunterzubeten«, sagte Seine Eminenz, mit einem Grinsen im Gesicht.

»Wenn ich mich nicht irre, ist das doch auch der zentrale Punkt in Monods Buch«, sagte die Marchesa.

»Im Grunde ja«, antwortete der Ingenieur, »ob-

wohl er zunächst einmal die Frage aufwirft, wo-
durch sich ein natürliches und ein künstliches Objekt unterscheiden.«

»Und zu welchem Ergebnis kommt er?«

»Nach den Gesetzen der Logik müßte ein natürliches Objekt ein Kind des Zufalls sein, während
ein künstliches einen Plan voraussetzt – das heißt,
ein Ziel, für das es geschaffen wurde – und damit
eine kreative Intelligenz. Betrachten wir zum Beispiel dieses Messer hier, dann ist klar, wozu es
eine Klinge hat. Nehmen wir hingegen einen
Stein, dann ist die Frage, warum er so ist, wie er
ist, schon schwieriger zu beantworten.«

»Vielleicht. Aber auch für die Form eines Steins
kann es doch einen einleuchtenden Grund geben«, warf der Verlobte Stefanias ein. »Er kann
zum Beispiel von den Wellen am Strand so lange
abgeschliffen worden sein, bis er schließlich lenti-
kular war.«

»Ja schon, nur steht in diesem Fall kein Plan da-
hinter«, entgegnete der Ingenieur. »Das Messer
hingegen findet den eigentlichen Grund seiner
Existenz erst in seiner Anwendung, ›nachdem‹ es
hergestellt wurde.«

»Und warum ist der Unterschied so wichtig?«

»Eben weil das Messer ein künstliches Objekt

ist. Es setzt zu seiner Entstehung einen schöpferischen Geist voraus, oder anders, eine ›Notwendigkeit‹, während der Stein natürlich ist und ein bloßes Kind des Zufalls sein könnte.«

»Erlauben Sie mir eine Frage, Ingegnere«, meldete sich jetzt wieder der Bischof zu Wort. »Warum sind Sie, wenn Sie vom Messer sprechen, der Existenz eines Schöpfers so sicher, während Sie, wenn Sie vom Stein sprechen, den Konjunktiv benutzen? Sie haben vorhin gesagt: ›könnte ein Kind des Zufalls sein‹, und nicht: er ›ist‹ ein Kind des Zufalls.«

»Weil ich mir keineswegs sicher bin. Mit anderen Worten, ich weiß nicht, ob hinter dem ganzen Spektakel nicht doch ein einziger Schöpfer steckt.«

»Darauf wollte ich hinaus«, konstatierte Seine Eminenz zufrieden. »Sehen Sie, während Ihrer Ausführungen vorhin habe ich mich dauernd gefragt: ›Wieso mogelt er sich an der Tatsache vorbei, daß eine Schöpfung auch einen Schöpfer voraussetzt? Wo eine Uhr ist, muß auch ein Uhrmacher sein.‹ Durch die Perfektion, die in allen Dingen steckt, auch in den allerkleinsten, wird das ja mehr als deutlich. Denken Sie nur an die Viren, die sich fortwährend verändern müssen, um sich gegen die Antikörper zu verteidigen, genau wie sich umgekehrt auch die Antikörper ständig weiterentwickeln, um effektiv gegen die Viren vorgehen zu können. Die Natur ist ein einziges Wunder, allerdings mit einem kleinen Fehler: Das Wunder wird gratis geboten. Das heißt, wir haben uns so daran gewöhnt, daß wir es schon gar nicht mehr als solches erkennen.«

»Genau auf dieses Problem geht Monod ein«, erklärte der Ingenieur. »Dazu stellt er sich vor, daß ein Raumschiff mit Marsmenschen in Frankreich landet, genauer im Wald von Fontainebleau, in der Nähe der Ortschaft Barbizon. Die Außerirdischen klettern aus ihrem Raumschiff, schauen sich um und versuchen herauszufinden, ob dieser seltsame Planet, auf dem sie soeben gelandet sind, von intelligenten Wesen bewohnt wird oder nicht. Da ihnen zunächst keine Menschen über den Weg laufen, beginnen sie, die Objekte einzuordnen, auf die sie bei ihrem Erkundungsgang stoßen. Ihre Überlegung ist mehr oder weniger folgende: Alles, was künstlich ist, hat zwei vorherrschende Eigenschaften – Symmetrie und Austauschbarkeit. Versuchen wir das gleiche doch einmal mit den Objekten, die sich hier im Raum befinden. Also, dann sind die Stühle, die Gläser, die heute abend

24

schon mehrfach angeführten Messer eindeutig symmetrisch und austauschbar, mit anderen Worten, sie sind untereinander gleich; die Pflanze dort drüben hat hingegen nichts Symmetrisches an sich, was diesen Namen verdienen würde, und wäre daher als natürlich zu bezeichnen. Auf solch einer Grundlage ordnen die Marsmenschen also Bänke, Tore, Kilometersteine und so weiter als künstlich ein. Als natürlich klassifizieren sie hingegen die Berge, die Flüsse und alle anderen Dinge, deren Aussehen vollkommen zufällig erscheint. Nehmen wir jedoch an, sagt Monod, daß die Außerirdischen Mikroskope dabei haben: Nun, dann würden sie Steine zwar als natürlich bezeichnen, weil sich alle irgendwie voneinander unterscheiden, aber die Quarzkristalle als künstlich, weil sie alle gleich und perfekt symmetrisch sind.«

»Genau das habe ich doch vorhin gesagt: Gott existiert, nur brauchen manche Menschen ein Mikroskop, um ihn zu erkennen, anderen reicht der Glaube!« rief der Bischof triumphierend aus.

»Dazu möchte ich auch gern etwas sagen«, schaltete sich Stefania ein, »und entschuldigt, wenn das intellektuelle Niveau dieser Unterhaltung dadurch vielleicht etwas absinkt. Eine ganz einfache Frage: Nehmen wir einmal an, der Wagen des Ingenieurs hätte nicht hier, direkt vor unserer Einfahrt, seinen Geist aufgegeben, sondern wäre einen Kilometer weiter Richtung Nemi liegengeblieben, vor der Villa der Girosis. Dann hätte der Ingenieur nicht uns, die wir offen und sympathisch sind, kennengelernt, sondern hätte mit unseren unsympathischen Nachbarn Freundschaft geschlossen...«

»Nein, nein, kein Gedanke«, unterbrach sie die Marchesa, »er hätte sie gar nicht kennengelernt. Die würden einem Fremden doch niemals aufmachen.«

»Möglich, aber ich wollte etwas anderes wissen«, fuhr Stefania fort. »Haltet ihr die Tatsache, daß wir heute abend den Ingenieur kennengelernt haben, für Zufall oder Schicksal?«

»Das ist zweifellos Schicksal«, rief Signora Venusio im Brustton der Überzeugung aus. »Das war so vorherbestimmt und mußte passieren!«

»Und das hätten Sie vorher in den Sternen lesen können?« fragte Seine Eminenz mit einem ironischen Unterton in der Stimme.

»Nicht so direkt natürlich. Aber als kommendes positives Ereignis, für uns und den Ingenieur.«

26

»Ich hingegen bin überzeugt, daß es sich um ein vollkommen zufälliges Ereignis handelt, da es numerisch nicht signifikant ist«, widersprach Giorgio, Stefanias Verlobter.

»Und was soll das heißen?« fragte die Astrologin.

»Sehen Sie, Signora, ich studiere Statistik an der Uni Sapienza. Daher kann ich das ›Gesetz der Großen Zahlen‹ nicht ganz außer acht lassen, genauso wenig wie Seine Eminenz das Dogma. Was besagt nun dieses Gesetz? Nun, wenn ich zum Beispiel beim Roulette viermal spiele, kann es mir passieren, daß zweimal Rot erscheint und zweimal Schwarz, genausogut aber auch viermal Rot und keinmal Schwarz. Nichts kann mir das Erscheinen der einen oder der anderen Farbe garantieren. Wenn ich die Kugel jedoch eine Milliarde Male werfe, kann ich sichergehen, daß annähernd fünfhundert Millionen Male Rot vorkommt und fünfhundert Millionen Male Schwarz. Mit anderen Worten, der Zufall überwiegt, wenn die Anzahl der in Betracht gezogenen Ereignisse niedrig ist, während er hingegen der Notwendigkeit das Feld überlassen muß, wenn die Ereignisse sehr zahlreich werden. Dies ist, mit einfachen Worten, die Quintessenz der Statistik.«

»Damit bin ich absolut nicht einverstanden«, protestierte die Astrologin. »Alles ist im voraus festgelegt: Wenn in den Sternen geschrieben steht, daß irgend etwas passieren soll, kann so ein Zahlengesetz das bestimmt nicht verhindern.«

»Wenn ich also«, begann Stefania zaghaft zu fragen, »eines Tages einen alten Schulfreund wiederträfe und ihm, in einem Moment der Schwäche, einen Kuß gäbe, hätte nicht ich das zu verantworten, sondern es wäre einfach Schicksal!«

»Nun mal langsam, Signorina«, wandte der Monsignore ein, »Sie dürfen den freien Willen nicht vergessen. Sie haben letztendlich die Wahl zwischen Rot und Schwarz. Gott beschränkt sich darauf, Ihre Entscheidung im voraus zu kennen.«

»Aber er kann mich nicht daran hindern? Hm, dann scheint er doch nicht so mächtig zu sein, wie man immer sagt.«

»Nein, das ist er nicht«, bestätigte der Marchese di Sangro. »Oder genauer, er ist es nur ab und zu. Ja, man könnte sagen, daß alles, was auf der Erde passiert, zur Hälfte auf ihn zurückgeht (also auf eine Notwendigkeit) und zur anderen Hälfte auf den Zufall. Manchmal ist das Leben so furchtbar ungerecht, daß wir leicht an der Existenz Gottes zweifeln können. Warum werden zum Beispiel unschuldige Menschen, sogar Kinder, von schrecklichen Krankheiten heimgesucht, während sich Gewaltverbrecher, die noch nicht einmal das Recht zu atmen haben, sich bester Gesundheit erfreuen? Meine Theorie dazu sieht so aus, daß Gott es einfach nicht schafft, alles unter Kontrolle zu halten, aus dem einfachen Grund, weil er nicht allmächtig, sondern nur partiell mächtig ist.«

»Das ist aber doch ein Widerspruch in sich«, entgegnete Seine Eminenz. »Danach gäbe es einen Gott, der fähig ist zu erschaffen, aber unfähig, seine Schöpfung zu lenken. Somit wäre Gott eine Art Zauberlehrling.«

»Ganz genau: ein Zauberlehrling«, pflichtete ihm der Marchese bei, überzeugter denn je, daß Gott seine Schöpfung irgendwie entglitten sei.

»Oder er ist mit anderen Dingen beschäftigt«, gab Giorgio zu bedenken. »Vielleicht sind unsere täglichen Problemchen für ihn nur unerhebliche Mängel an seinem großen Werk, die absolut keine Beachtung verdienen.«

»Nein, nein, Großvater hat schon recht: Gott schafft es einfach nicht!« beteuerte Stefania, beruhigt, daß auch Gott ab und zu Fehler unterliefen. »Aber was soll er machen? Versetzen wir uns

29

doch einmal in seine Lage. Der Ärmste hat als junger Kerl vor fünfzehn Milliarden Jahren alles getan, um die Welt so schön wie möglich zu machen. Er schuf die Milchstraße, die Sterne, die Sonne, die Erde und ganz zuletzt den ›guten Wilden‹. Doch dann auf einmal begann das Universum, sich von selbst weiterzuentwickeln. Und heute ist es, als Resultat der natürlichen Auslese, ein undurchschaubarer Hexenkessel geworden mit so vielen Ungerechtigkeiten, daß Gott, wollte er es retten, Milliarden Mal eingreifen müßte, und das auch noch gleichzeitig. Das schafft er einfach nicht, und daher macht er weiter, so gut es eben geht, womit den Launen des Zufalls Tür und Tor geöffnet sind.«

»Also, wenn ich recht verstehe«, brachte die Marchesa das Gespräch zum Abschluß, »haben wir es einer Notwendigkeit, aber auch ein wenig dem Zufall zu verdanken, daß der Ingenieur mit seinem Wagen direkt vor unserem Haus eine Panne hatte.« Dann, an den Diener gewandt: »Giuseppe, lassen Sie das Dessert bringen.«

Das Gewitter tobte, und die Donner ließen die Fensterscheiben erzittern. Durch einen dieser Donner, der noch gewaltiger war als die anderen, wachte die Marchesa auf. Sie warf einen Blick auf ihren Gatten: Emanuele schlief friedlich und schnarchte wie gewohnt. Da sie nicht sofort wieder einschlafen konnte, fing sie an, über das Gespräch bei Tisch nachzudenken. Wirklich ein eigenartiger Mensch, dieser Ingegnere! Wieso war er wohl ganz in Schwarz gekleidet? Ob er in Trauer war? Seltsam, sagte sich die Marchesa, heutzutage nahm man es mit der Trauerkleidung doch nicht mehr so genau. Und dann war da ja noch die Tatsache, daß er hinkte. Um Himmels willen, sie hatte nichts gegen Hinkende! Aber zum einen, weil er ganz in Schwarz gekleidet war, zum anderen, weil er ein Bein nachzog und dann auch noch während eines Unwetters zu später Stunde praktisch aus dem Nichts aufgetaucht war, hatte sie auf einmal das Gefühl, in einem Horrorfilm gelandet zu sein. Es fehlte nur noch eine gruselige Begleitmusik, und die Szene war perfekt.

Sie war immer noch dabei, über das Geheimnis des unverhofften Besuchers nachzugrübeln, als sie plötzlich durch ein Rumpeln im unteren Stockwerk aufgeschreckt wurde. Es schien aus dem Wohnzimmer zu kommen. Was da wohl passiert war? Vielleicht war eines der Gemälde durch einen Donner in Schwingung versetzt worden und dann mit einiger Verzögerung hinuntergefallen. Nein, das war ja Unsinn: Das Bild wäre gleichzeitig mit dem Donner von der Wand gefallen. Der Gedanke an dieses Geräusch ließ sie keinen Schlaf mehr finden. Sie mußte unbedingt nachsehen, was da los war! Einen Moment lang dachte sie daran, ihren Gatten zu wecken, dann entschloß sie sich, auf eigene Faust nach dem Rechten zu sehen. Vorsichtig stieg sie die Treppe hinunter.

Im Wohnzimmer brannte Licht. Ganz vorsichtig öffnete die Marchesa die Tür und erblickte den Ingenieur, der ihren Fernsehapparat aufgeschraubt hatte und eifrig darin herumwerkelte.

»Aber... was machen Sie denn da?« fragte sie irritiert.

»Keine Angst, Marchesa«, antwortete er, nicht im mindesten überrascht, »ich bin bloß dabei, eine kleine Veränderung an Ihrem Fernsehapparat vorzunehmen.«

»Eine Veränderung?«

»Ja, eine Erfindung von mir... ein kleines Dankeschön für Ihre Gastfreundschaft. Bitte setzen Sie sich, ich möchte Ihnen gerne etwas wirklich Außergewöhnliches zeigen. Doch zuvor muß ich Ihnen noch ein Geständnis machen: Ich bin weder Ingenieur, noch heiße ich De Conciliis.«

»Und wer sind Sie?«

»Das will ich Ihnen gerne sagen. Aber erschrekken Sie nicht: Ich bin... ja, ein Wesen mit übernatürlichen Fähigkeiten...«

»Ein Geist?«

»Das trifft es nicht ganz. Sagen wir... ein Engel oder ein Teufel, ganz wie Sie wollen.«

»Aber was reden Sie denn da! Wollen Sie mich auf den Arm nehmen?!«

»Keineswegs, Signora, beruhigen Sie sich und versuchen Sie einmal diese Fernbedienung hier zu benutzen.«

Mit diesen Worten reichte er ihr eine eigenartige Fernbedienung aus Kristallglas. Darauf waren neben den normalen Kommandos weitere Tasten untergebracht: einige, um ein Datum einzugeben, andere, die mit JA und NEIN gekennzeichnet waren, und wieder andere, um sich in der Zeit vor- und rückwärts zu bewegen.

»Wenn ich richtig verstanden habe, Marchesa, haben Sie gestern abend Ihren fünfundsechzigsten Geburtstag gefeiert. Nun, dann wählen Sie einmal ein beliebiges Datum aus den letzten fünfundsechzig Jahren, und Sie werden sich selbst beobachten können, wie Sie diesen Tag noch einmal erleben.«

»Welches Datum?«

»Irgendeins. Vielleicht den Tag, an dem Sie in die Gesellschaft eingeführt wurden.«

Die Marchesa gehorchte, und sogleich erschienen auf der Mattscheibe Bilder von einem Fest. Eine charmant lachende Maria Antonietta, künftige Marchesa di Sangro, war zu sehen, umringt von einigen jungen Herren im Smoking, die sich um ihre Zusage für den nächsten Tanz rissen.

»Sehen Sie den jungen Mann da?« sagte Maria Antonietta, die sich mittlerweile über gar nichts mehr wunderte. »Das ist Emanuele. Es war genau an jenem Abend, beim Fest zu meinem achtzehnten Geburtstag, als er begann, mir den Hof zu machen. Sechs Jahre später erst, der Krieg kam uns dazwischen, haben wir geheiratet.«

»Und wer ist der da drüben?« fragte der angebliche Teufel (oder Engel).

»Lassen Sie mich nachdenken... ich glaube, der hieß Umberto Caracciolo... nein, warten Sie, Alberto Caracciolo hieß er. Ein Prinz. Und er war Rennfahrer. Ein ausgezeichneter sogar. Und wissen Sie, was? Genau an jenem Abend hat auch er mir einen Antrag gemacht. Er sagte, er habe sich rettungslos in mich verliebt, und er wollte mich vom Fleck weg heiraten. Ich jedoch hatte schon

34

für Emanuele Feuer gefangen und behandelte ihn recht kühl.«

»Versuchen Sie mal, das Bild anzuhalten«, sagte der Teufel.

Die Marchesa drückte die Pause-Taste, und auf dem Bildschirm erschien in Großaufnahme das Gesicht des Prinzen Caracciolo.

»Und jetzt drücken Sie JA.«

»Und was passiert dann?«

»Dann können Sie sehen, was geschehen wäre, wenn Sie nicht Emanuele, sondern Alberto geheiratet hätten.«

Mit der *Forward*-Taste ließen sie die Zeit vorlaufen, und plötzlich sahen sie Alberto Caracciolo und Maria Antonietta in einem offenen Sportwagen in wilder Fahrt auf einer kurvenreichen Straße. Es schien die Küstenstraße bei Amalfi zu sein. Er trug eine Pilotenbrille, und sie hatte einen rosa Schal um den Hals geschlungen, der im Wind flatterte: ein Paar, das einem jener Jugendstilplakate von Bugatti hätte entsprungen sein können. Doch plötzlich tauchte in einer Kurve direkt vor dem Sportwagen ein Pferdefuhrwerk auf und zwang den Prinzen zu einem Ausweichmanöver. Das Auto kam ins Schleudern, durchbrach ein Mäuerchen auf der rechten Seite und stürzte ins Leere.

35

»Schnell, schnell, drücken Sie *rewind*«, rief der angebliche Teufel.

Die Marchesa reagierte sofort, und die Bilder liefen zurück bis zu jenem Moment, als der Prinz Maria Antonietta fragt, ob sie Lust auf eine Spazierfahrt entlang der Küste habe.

»Drücken Sie NEIN.«

Die Marchesa gehorchte, und ihr Leben nahm einen anderen Verlauf.

Um es kurz zu machen, der Teufel und die Marchesa hockten die ganze Nacht über vor dem Fernsehgerät. Mit der Fernbedienung bewegten sie sich in der Zeit vor und zurück, folgten allen möglichen Lebensläufen und erfuhren so die unglaublichsten Dinge: Emanuele wäre, nachdem Maria Antonietta seinen Avancen kein Gehör geschenkt hatte, als Freiwilliger nach Rußland gezogen und hätte nie mehr wieder etwas von sich hören lassen; Prinz Caracciolo hätte nicht auf der Küstenstraße bei Amalfi sein Leben gelassen, sondern hätte eine reiche griechische Erbin geheiratet und wäre auf einer Insel in der Ägäis an Krebs gestorben; Stefania wäre, da Maria Antonietta und Emanuele kein Paar wurden, nie geboren worden. Ihr Verlobter Giorgio Carli hätte ohne Stefania eine Frau geheiratet, die ihm das Leben zur Hölle machte, und hätte sich aus Verzweiflung das Leben genommen, und so weiter und so fort.

Unter den zahlreichen Lebenswegen, die durch die Entscheidungen der Marchesa eine Wendung erfuhren, war auch der von Seiner Eminenz. Anscheinend war auch der Bischof als Zwanzigjähriger in Maria Antonietta verliebt gewesen und hatte sich erst, nachdem diese ihn entschieden abgewiesen hatte, zum Eintritt ins Priesterseminar entschlossen.

»Ja, ja, so waltet der Zufall!« mußte die Marchesa zugeben. »Alles, was wir tun, wirkt sich auf das Leben der anderen aus. Und es ist wirklich unglaublich, wie sich der Lauf der Dinge auch aufgrund scheinbar unbedeutender Entscheidungen verändern kann…«

»Wie der, ob man eine Spazierfahrt im Auto annimmt oder ablehnt«, ergänzte der Mann in Schwarz.

»So, und jetzt werfen wir noch mal einen Blick in die Zukunft: Nehmen wir zum Beispiel an, Sie hätten keinen Ihrer drei Verehrer geheiratet. Schauen wir nun mal, was Ihnen im Alter von sechsundsechzig Jahren passiert wäre.«

Maria Antonietta gab das gewünschte Datum ein – es war das von genau einem Jahr später –, und auf dem Bildschirm erschienen die Thermen von Chianciano. Anscheinend war sie dort wegen ihrer Leber in Kur. Sie konnte sich selbst beobachten, wie sie, nur ganz wenig gealtert, zum Brunnen ging und sich dann auf einer Bank im Schatten eines Olivenbaums niedersetzte. Neben ihr nahm ein älterer Herr Platz. Sie kamen ins Gespräch, das sich, da sie sich nicht kannten, zunächst ums Wetter drehte. Nach einer Weile hielt er es für angebracht, sich vorzustellen.«

»Erlauben Sie: Emanuele di Sangro.«

»Emanuele! Du? Ich bin Maria Antonietta!«

So hätten sie sich also wiedergetroffen, siebenundvierzig Jahre nach seinem überhasteten Aufbruch nach Rußland. Er hätte ihr von seinem rastlosen Leben an den verschiedensten Orten Europas erzählt und sie ihm von dem ihren als feine Dame der römischen Gesellschaft. Nach einem Monat hätten sie sich entschlossen, für immer zusammenzubleiben: Es war Schicksal, daß es so gekommen wäre.

Ein gewaltiger Donner riß die Marchesa aus dem Schlaf. Emanuele lag neben ihr und schnarchte. Im Haus war es totenstill. Sie schaute auf die Uhr: erst sechs. Für den heutigen Tag hatte sie ein volles Programm. Sie mußte mit dem Steuerberater wegen der Steuererklärung telefonieren, wollte an ihrem Tagebuch weiterschreiben und einer alten Schulfreundin, deren Mann gestorben war, einen Kondolenzbesuch abstatten. Die Unterhaltung gestern abend beim Essen war ja wirklich hochinteressant gewesen, diese vielen verschiedenen Meinungen und Sichtweisen zu Zufall und Notwendigkeit... Aber was hatte sie danach nur für seltsame Sachen geträumt!

Zwischenwort

Werden einem Buch einige einleitende Gedanken vorangestellt, nennt man das Vorwort, *wenn sie das Werk abschließen,* Nachwort. *Aber was ist, wenn sie in der Mitte stehen? Keine Ahnung! Auf gut Glück will ich es hier einfach mal* Zwischenwort *nennen.*

Aber wozu überhaupt ein Zwischenwort, *noch dazu in einem solch schmalen Bändchen?*

Ganz einfach: Um einige Kapitel mit verschiedenen Schwerpunkten zu verbinden, die aber doch zu einem einzigen großen Themenkreis gehören: Zufall, Notwendigkeit, positiver Zweifel, Raum und Zeit. Ehrlich gesagt hätte ich auf dieses Zwischenwort *auch durchaus verzichten können, zumal die ausgewählten Themen so angeordnet sind, das eins das andere vorbereitet. Doch wie es*

*der Zufall so will, sind zwei dieser Kapitel, das
zweite und dritte nämlich, schon in meiner Autobiographie* Im Bauch der Kuh. Das Leben des Luciano De Crescenzo von ihm selbst erzählt *erschienen. Und in meinem italienischen Verlag
Mondadori hatte man doch einige Hemmungen,
sie noch einmal, in einem anderen Rahmen, zu
veröffentlichen.*

*»Das ist unaufrichtig gegenüber den Käufern«,
meinte der Verleger, »und ganz besonders all denen gegenüber, die die beiden Kapitel schon* Im
Bauch der Kuh *gelesen haben und sie jetzt noch
einmal unverändert in diesem Buch vorgesetzt bekommen.«*

*»Das kann schon sein. Trotzdem bin ich über-
zeugt, daß sich mit dem Kontext, in den sie einge-
bunden sind, auch ihre Bedeutung ändert«, versuchte ich seinen Einwand zu entkräften. »Es ist
eine Sache, sich über die Zeit als Taktmesser des
eigenen Lebens Gedanken zu machen; eine ganz
andere aber, sie als vierte Dimension des Universums zu beschreiben.«*

»Und wenn sich irgend jemand beschwert?«

*»Solch einen Leser müßte man auszeichnen
und als allgemeines Vorbild herausstellen. Wie
viele Bücher werden in Italien verkauft? Wenige.*

Und wie viele werden gelesen? Noch viel weniger. Und wie viele dieser Bücher werden bis zum letzten Satz gelesen? Praktisch keines. Außer Krimis vielleicht, denn wenn man die nicht bis zum Ende liest, ist es gerade so, als hätte man sie gar nicht erst angefangen. Die beiden Kapitel nun, um die es hier geht (das über den positiven Zweifel und das über die Zeit), bilden den Abschluß meiner Autobiographie. Die Wahrscheinlichkeit, daß sie gar nicht gelesen wurden, ist also recht groß.«

»Aber Das Leben des Luciano De Crescenzo *war ein Bestseller. Wir haben schon mehr als zweihunderttausend Exemplare davon verkauft.«*

»Dabei hätte es noch weit mehr Leser verdient«, fügte ich in einem Anflug von Überheblichkeit hinzu. »Aber ich muß schon sagen, ein Titel kann das Kaufverhalten von Lesern sehr beeinflussen. Ich sehe das so: Wenn ich beim Händler ein Buch mit dem Titel Anthologie der albanesischen Literatur ausliegen sehe, kann ich sichergehen, nur Texte albanesischer Autoren darin zu finden. Greife ich jedoch nach einem Titel wie Vom Winde verweht, *so erhalte ich keinerlei Anhaltspunkt auf den Inhalt des Buches. Vom Standpunkt des Buchhändlers aus betrachtet ist* Vom Winde verweht *der beste Titel, der je erfunden*

wurde. Kein Meisterwerk der Literatur, das man nicht auch Vom Winde verweht *hätte nennen können.* Von Madame Bovary *bis zum* Kleinen Prinzen, *von Dostojewskijs* Dämonen *bis zur* Odyssee, *alle hätten sich solch einen Titel nur wünschen können (vor allem die* Odyssee*). Und aus welchem Grund? Weil* Vom Winde verweht *absolut nichts aussagt: Es ist der nichtssagendste Titel, den man sich denken kann. Betrachten wir uns hingegen, was mit meinem armen Buch* Im Bauch der Kuh. Das Leben des Luciano De Crescenzo *passiert ist. Das Publikum hat sich sofort in zwei Lager gespalten: Die erste Gruppe, die De-Crescenzo-Fans (also eine winzige Minderheit), hat sich gleich auf das Buch gestürzt, die zweite, also praktisch die Gesamtheit der italienischen Bevölkerung, hat sich gedacht: ›Also das Leben dieses De Crescenzo ist mir doch vollkommen einerlei!‹ Und trotzdem halte ich* Im Bauch der Kuh *immer noch für das Beste, was ich je geschrieben habe.«*

»*Und was hältst du von* Lob des Zweifels *als Titel für dieses Buch?«*

»*Der ist vielleicht gar nicht so schlecht. Wer könnte auch schon von sich sagen, daß er in seinem Leben niemals Zweifel hatte? Nur ein*

Dummkopf. Und wenn jemand sich das Buch kauft, wird er am Ende zu der Einsicht gelangen, daß es richtig war zu zweifeln.«

»Bist du dir da ganz sicher.«

»Zweifellos.«

2. Kapitel

DER POSITIVE ZWEIFEL

Es war, wie wenn man sich verliebt: Ich bin ihr zufällig in Mailand begegnet, und dann habe ich allmählich begriffen, daß ich nicht mehr ohne sie leben kann. Ich meine die Philosophie, jene merkwürdige Wissenschaft, die ich ehrlich gesagt selber nicht genau definieren kann und die doch mein Leben so nachhaltig verändert hat.

Die Griechen verstanden Philosophie als Erkenntnis im weitesten Sinne des Wortes, später haben sich einige Zweige (wie die Astrologie, die Physik, die Politik und die Medizin) abgespaltet und selbständig weiterentwickelt, so daß zum engeren Begriff der Philosophie nur noch die Ethik, die Logik und die Ontologie gehören.

Erfunden wurde der Begriff »Philosophie« offenbar von Pythagoras; nach ihm haben viele andere versucht, die gesamte Materie zu umreißen, doch kamen dabei sehr unterschiedliche Ergebnisse heraus. Um eine Vorstellung zu vermitteln, wie weit der Themenbereich der Philosophie reicht, habe ich in einigen italienischen Lexika und Handbüchern nachgeschlagen: »Wissenschaft, die die Prinzipien und die *ultima ratio* der Dinge untersucht« (Palazzi). »Suche nach einem Wissen, das einen effektiven Vorteil zu verschaffen vermag« (Zingarelli). »Reflexionen des menschlichen Geistes über die Welt, die ihn umgibt, und über sich selber« (De Ruggero). »Etwas auf halbem Wege zwischen Wissenschaft und Theologie« (Russell).

Am Gymnasium lernt man zunächst einmal diesen Blödsinn: »Die Philosophie ist jenes Ding, mit demselben oder ohne dasselbe die Welt ein und dieselbe bleibt«, was nicht einmal so falsch wäre, wenn man ewig jung und sorglos bliebe und vor allem unsterblich wäre. Aber mit der Zeit merkt jeder, daß er ohne die Krücken irgendeines Glaubens oder den Trost der *apátheia*, nämlich der Loslösung von den Leidenschaften, sehr schlecht zurechtkommt. Sokrates behauptete, daß Individuen, die »redlich philosophieren«, sich »auf das Sterben einüben«.

Wir hingegen sind etwas fröhlicher und bedienen uns der Philosophie, um unsere Lebensqualität zu verbessern. Und wenn wir dann genau hinsehen, entdecken wir, daß sich die beiden Definitionen gar nicht so wesentlich unterscheiden, nur geht die eine davon aus, daß man im Leben das höchste Glück erstreben muß, während man der anderen zufolge schon damit zufrieden sein sollte, wenn man möglichst wenig leidet.

Ich frage mich manchmal, ob es unseren Finanzhaien tatsächlich ein so großes Vergnügen bereitet, immer größere Wirtschaftsimperien zusammenzukaufen oder zu verkaufen. Ob sie glücklich sind, wenn sie abends um ein paar Millionen schwerer nach Hause kommen? Ob es die Mafia- und Camorrabosse wirklich so erstrebenswert finden, ständig mit der Gefahr gegenseitiger Racheakte an Ehefrauen, Müttern und Geschwistern leben zu müssen? Und ob sich die großen Politiker je gefragt haben, ob das Leben eines Machtmenschen wirklich so viel angenehmer ist als das eines Familienvaters, der vielleicht nur einfacher Beamter ist, dafür aber jeden Tag seine Tochter von der Schule abholen kann? All diese Herren sind ja nun gewiß keine Naivlinge, und doch verhalten sie sich wie kleine Jungen, die beim Monopoly in Streit geraten. Und dann überlege ich mir doch, ob ihr Leben nicht angenehmer wäre, wenn sie sich ein wenig mit der Philosophie beschäftigt hätten.

In der Schule wußte ich nicht viel mit der Philosophie anzufangen. Da ich sämtliche Fächer der letzten drei Schuljahre fürs Abitur vorbereiten mußte, war ich gezwungen, mich bei allem auf das Unumgängliche zu konzentrieren, und so beschränkte ich mich im Fach Philosophie schließlich auf ein Büchlein mit braunem Einband, den sogenannten Bignami, der bei den Lehrern streng verpönt war. Kurz vor der Prüfung war mir selbst dieses Repetitorium noch zuviel, und ich stützte mich nur noch auf ein paar »zusammenfassende« Stichworte, etwa zu Thales: »der mit dem Wasser«, zu Anaximenes: »der mit der Luft« und zu Heraklit: »der mit dem Feuer«.

Erst nach meiner Scheidung fand ich Zugang zur Philosophie. Ich war noch immer in meine Frau verliebt und litt sehr unter der Einsamkeit. Eines Abends, als ich besonders deprimiert war, hörte ich im Radio zufällig ein altes Lied von Libero Bovio. »Me ne voglio ì all' America«, sagte der Dichter, »ca sta luntano assaie, me ne voglio ì addò maie, te pozzo ncuntrà cchiù. Me voglio scurdà 'o cielo, tutte 'e canzone e 'o mare, me voglio scurdà 'e Napule, me voglio scurdà 'e mammema, me voglio scurdà 'e te.«*

Am nächsten Tag bat ich bei IBM um meine Versetzung an einen möglichst weit entfernten Ort. Als ich dann dort war, erkannte ich, daß ich einen gewaltigen Fehler gemacht hatte: In Mailand fühlte ich mich doppelt allein. Dort mußte ich nicht nur ohne meine Liebe leben, sondern auch noch ohne alle meine bisherigen Bezugspunkte: mein Haus, meine Stadt, meine Angehörigen und Freunde.

Nach meiner Ankunft quartierte ich mich in einem Hotel in der Via Fara ein; ich glaube, es hieß Royal oder so ähnlich. Gegen Abend ging ich hinaus, um ein Restaurant zu suchen, aber da dies eine Bürogegend war, fand ich nirgends ein offenes Lokal. So ging ich immer weiter in eine Richtung, von der ich irgendwie annahm, daß sie ins Zentrum führte. Ich kann mich nicht mehr erin-

---

* »Ich will nach Amerika gehen, das sehr weit ist, ich will dorthin, wo ich dir nie mehr begegnen kann. Ich will den Himmel vergessen, alle Lieder und das Meer, ich will Neapel vergessen, ich will meine Mutter vergessen, ich will dich vergessen.«

nern, in welchem Restaurant ich schließlich gelandet bin, ich weiß nur noch, daß nachher draußen unvorstellbar dichter Nebel herrschte und ich einen Passanten ausrufen hörte: »O je, so einen Nebel haben wir ja noch nie erlebt!« Der Nebel beeindruckte mich so stark, daß ich sogar den Namen meines Hotels vergaß. Eine Weile irrte ich umher, dann blieb ich einfach stehen und weinte vor mich hin. Dabei sah ich immer wieder mal von rechts, mal von links Autoscheinwerfer... Wenn ich jetzt so darüber nachdenke, wird mir klar, daß ich wohl mitten auf der Fahrbahn stand.

Nicht, daß die Mailänder nicht nett zu mir gewesen wären, im Gegenteil, aber sie waren es immer, und sie waren es zu jedem. Um nur einmal eine gewiß unvollständige Aufzählung all der netten Leute zu geben, denen ich täglich zwischen meiner Wohnung und meinem Büro begegnete: dem Wohnungsnachbarn, dem Pförtner, dem Barkeeper, dem Zeitungsmann, dem Parkwächter, dem Tankstellenwärter, dem Garagenbesitzer, der Empfangsdame, der Sekretärin. Ich durchschaute sofort, daß sie zu jedem anderen genauso freundlich gewesen wären, und fühlte mich schlecht, weil ich nicht wenigstens ein bißchen diskriminiert wurde. Mit anderen Worten, ich suchte einen Beweis für meine unverwechselbare Existenz, und sie überschwemmten mich mit ihrer undifferenzierten Höflichkeit. Ich kann mich noch erinnern, daß ich eines Abends das Kaufhaus *Rinascente* betrat und die Verkäuferinnen anflehte, mich ein wenig persönlicher zu behandeln. »Wenn Sie mir schon keinen Rabatt geben können«, bat ich, »dann lassen Sie mich wenigstens ein bißchen mehr bezahlen, auch nur hundert Lire, damit mein Kauf hier irgendeine Spur bei Ihnen hinterläßt.« Aber es war nichts zu machen, sie hielten mich einfach nur für einen besonders aufdringlichen Kunden!

Nehmen wir zum Beispiel meinen Wohnungsnachbarn Dr. Gangemi, einen älteren Herrn, der bei einer Versicherungsgesellschaft arbeitete. Ich begegnete ihm jeden Abend im Lift, und jedesmal gelang es uns, die Zeit, die man vom Erdgeschoß bis in den dritten Stock braucht, mit einem »Wie geht es Ihnen?« und einem »Danke gut, und Ihnen?« auszufüllen. Aber was passierte dann? Gangemi verschwand von der Bildfläche, tagelang begegnete ich ihm nicht mehr. Ich dachte, er sei wohl krank, und erkundigte mich daher bei dem Portier, einem Brianzer aus Cantú.

»Er ist gestorben«, sagte der Portier.

53

»Was? Er ist gestorben? Ja, aber wie denn?«

»An einem Infarkt.«

»Und wann ist das passiert?«

»Vor einem Monat.«

»Und warum habe ich das nicht gemerkt?«

»Er ist an einem Wochenende gestorben.«

Dr. Gangemi war also gestorben, ohne es mir mitzuteilen, und der Portier hatte sich nicht veranlaßt gefühlt, mich zu informieren. Ein neapolitanischer Portier hingegen hätte am folgenden Tag schon vor Morgengrauen bewegungslos wie eine Statue an der Haustür auf mich gewartet, um mir die Nachricht als erster mitteilen zu können.

»Haben Sie gesehen, wie es geht?« hätte er gesagt und dabei so getan, als würde er glauben, ich wüßte schon alles.

»Wie was geht?« hätte ich gefragt.

»Ja, wissen Sie es denn noch nicht?« hätte er sich verwundert, dabei aber immer noch nichts Genaues gesagt, um mich auf die Folter zu spannen.

»Ich bin gerade erst aus Rom zurückgekehrt...«

»Dr. Gangemi...«, hätte er dann angefangen, wäre aber gleich wieder wie von Ergriffenheit übermannt verstummt, und dann hätte ich aus seinem zutiefst traurigen Gesichtsausdruck ablesen müssen, was passiert war, weil er nämlich (um mir keinen Schock zu versetzen) das Wort »gestorben« gar nicht ausgesprochen hätte.

»Ist ihm etwas passiert?«

Er hätte nur die Lider gesenkt.

»Ist er gestorben?«

Er hätte wieder die Lider gesenkt.

»Wie ist er denn gestorben?«

»Herzinfarkt.«

»An einem Herzinfarkt?«

»Ganz plötzlich, wissen Sie: Er wollte sich gerade die Schuhbänder zubinden, da ist er in seinem Schlafzimmer vornübergekippt. Seine Frau hat sofort einen Krankenwagen gerufen, aber es war nichts mehr zu machen. Auch sein seliger Vater ist so geendet.«

»Während er sich die Schuhbänder zugebunden hat?«

»Genau, da dürfen wir uns doch fast schon fragen, warum sich diese Gangemis nicht lieber Slipper kaufen!«

»Du liebe Zeit, das ist doch wirklich ein merkwürdiger Zufall!«

»Die ganze Familie zugrunde gerichtet, die ganze Familie!« hätte er dann noch ausgerufen.

55

»Ich bin ihm gerade noch am Tag vorher auf der Treppe begegnet und habe zu ihm gesagt: ›Herr Doktor, da wäre jetzt wieder die Miete fällig‹, und er hat mir geantwortet: ›Haben Sie bis morgen Geduld, Salvatore, jetzt habe ich keine Zeit.‹ Und woher soll ich jetzt den Mut nehmen, zu der Witwe zu sagen, daß sie die Miete zahlen soll! Ach, Sie hätten ihn sehen sollen, wie er aufgebahrt war! Du lieber Gott, war er schön! Wie ein Patriarch lag er da zwischen die Blumen gebettet, als würde er gerade nur schlafen! Wenn man denkt, der Ärmste, er war doch erst dreiundsechzig, in zwei Jahren wäre er in Rente gegangen. Und nun… Er hat einen Besitz in Casavatore hinterlassen sowie zwei kleine Wohnungen oberhalb der Camaldoli, allerdings beide mit festgeschriebener Miete. Ach, was sind wir schon auf Erden!«

»Ja, was sind wir schon!« hätte ich wiederholt.

Der neapolitanische Portier fehlte mir natürlich in Mailand, zum Ausgleich aber war im Alltag alles viel leichter. Die Arbeit war für mich erheblich einfacher geworden. Während ich in Neapel nie vor neun Uhr abends nach Hause gekommen war, hatte ich in Mailand dank der mailändischen Pünktlichkeit schon um sechs Uhr den Mantel an und konnte gehen. Alles funktionierte, wie es sollte: Die Untergrundbahn kam pünktlich, die Kunden hielten sich an die Verabredungen, die *Scala* fing Punkt acht Uhr an, und alle Leute, aber wirklich alle, taten ihre Pflicht. Das hatte zur Folge, daß ich als ein typischer Vertreter Süditaliens bald starke Minderwertigkeitskomplexe bekam: Du wirst sehen, sagte ich mir, daß die Mailänder tatsächlich intelligenter sind als wir! Und daraus entwickelte sich dann mein Bedürfnis, das Ansehen der Neapolitaner zu verbessern.

»Ihr seid tüchtig«, sagte ich zu allen, »ihr seid sogar sehr tüchtig! Aber Vorsicht: Das Leben besteht ja nicht nur aus Produktivität, sondern auch aus Vorstellung!«

Und um meine These von der Muße zu stützen, ohne dabei in Karikaturmalerei zu verfallen, hielt ich mich an Bertrand Russell sowie an die griechischen Philosophen und deren Mißtrauen gegenüber jeder Form von Produktivität.

»Wer zu Sokrates' Zeiten beim Arbeiten überrascht wurde, galt als *banausi* und wurde dementsprechend von allen denkenden Menschen verachtet. *Banausi* ist das griechische Wort für Handwerker, aber auch für vulgär und gemein. Selbst Phidias, Praxiteles und Poliklet, die drei größten athenischen Künstler, wurden wegen ihres Handwerks kritisiert. Die Athener sagten: ›Gut und schön, sie sind tüchtig, aber sie können doch nicht leugnen, daß sie bei ihrer Arbeit schwitzen wie die Unglückseligen!‹ Und auf diese Weise sind auch wir, die direkten Nachfahren der Griechen, mit einem gesunden Mißtrauen gegenüber jeder Form von übertriebener Produktivität aufgewachsen. Außerdem begreift jedes Volk die Existenz auf seine Art und besitzt eine eigene Kultur, die geachtet werden muß. Wenn ihr einen Orientalen bewegungslos dasitzen, nur seinen eigenen Bauchnabel betrachten und wirklich gar nichts tun seht, müßte euch zumindest der Verdacht kommen, daß er vielleicht etwas verstanden hat, was ihr mit eurem Stachanowismus noch nicht verstanden habt.«

Anfangs glaubte ich im Innersten selber nicht, daß es tatsächlich eine neapolitanische Philosophie gibt, von der man erzählen könnte. Aber je mehr ich dann davon sprach, desto mehr glaubte ich auch daran. Das typisch Neapolitanische waren für mich der Dialog, die zwischenmenschlichen Beziehungen, die Musik, das Gefühl und all jene menschlichen Äußerungen, die ich in Mailand am meisten vermißte. Typisch mailändisch war für mich hingegen die Achtung vor dem anderen, die Fähigkeit, sich in einer Schlange anzustellen, die Pünktlichkeit und der Gemeinsinn. Bald pendelte ich nicht nur mit meiner Arbeit, sondern auch mit meinen Urteilen hin und her: Ich überraschte mich immer häufiger dabei, wie ich in Neapel gut über die Mailänder und in Mailand gut über die Neapolitaner sprach. So ganz allmählich und ohne es selber zu bemerken, stellte ich dann die Theorie auf, daß die Menschheit aus zwei großen Stämmen besteht, nämlich aus den Menschen der Liebe und aus den Menschen der Freiheit, wobei ich die ersteren rings um das Mittelmeer und die letzteren im angelsächsischen Einflußbereich ansiedelte.

Zur Abstützung meiner Ideen las ich über die griechischen Philosophen und entdeckte dabei, daß unsere Vorfahren zu diesem Thema mehr oder weniger schon alles gesagt haben. Den letzten Anstoß, mich dem Studium der Philosophie zu widmen, gaben mir schließlich zwei frei herumlaufende Irre, beide aus Neapel: Professore Riganti und Professore Barbieri.

Riganti war früher Physiklehrer am Vittorio-Emanuele-Gymnasium gewesen und eines der ältesten

Mitglieder des Napoli-Clubs. Noch bevor ich je ein Wort mit ihm gesprochen hatte, kannte ich ihn aus Erzählungen und wußte um seine allseits bekannte Abneigung, sich aus einem bestimmten Sessel zu erheben, in dem er sich (angeblich) vor etwa zehn Jahren an seinem ersten Tag als Rentner niedergelassen hatte. Selbst wenn man sich sehr frühzeitig im Club einfand, traf man ihn immer schon an seinem Platz an: Neben ihm stand der Oberkellner Ciro, der ihm die Überschriften aus den Zeitungen vorlas.

»Was steht drin?« fragte der Professore.

»Der Gewerkschaftsbund droht mit Generalstreik«, erwiderte Ciro in Habtachtstellung und mit aufgeschlagener Zeitung.

»Ist mir doch egal! Lies weiter!« antwortete der Professore, ohne den Blick zu heben.

»Die sozialistische Partei will einen neuen Volksentscheid herbeiführen, um die Zustimmung...«

»Ist mir doch egal! Lies weiter«, fiel ihm Riganti ins Wort.

»Jagd auf Steuerhinterzieher«, las Ciro weiter.

»Haben sie dafür die Todesstrafe eingeführt?« fragte Riganti ein wenig besorgt.

»Eigentlich noch nicht.«

»Also dann ist es mir doch egal! Lies weiter!«

Eines schönen Abends nutzte ich die Gelegenheit, daß er sich in Gesellschaft zweier mir bekannter Personen befand – Bebè Maglione und Kapitän Bagnulo –, und mischte mich in das Gespräch ein. Nach dem Vorstellungsritual bestellte der Professore vier Kaffees aus der Bar, und Bebè ließ sich von der Qualität seines Espressos dazu anregen, von einem Projekt zu erzählen, das er schon seit einiger Zeit verfolgte.

»Eines schönen Tages werde ich drei Kaffeeröstereien aufmachen: eine am Vomero, eine am Bahnhof und eine in Fuorigrotta. Dann nehme ich mir einen Lieferwagen mit Fahrer und beliefere sie jeden Morgen Punkt sieben mit Kaffee.«

»Wie kommst du denn auf die Idee?« fragte Kapitän Bagnulo.

»Weil ich die Matarazzos kenne, nicht die aus Neapel, die überhaupt nichts zu melden haben, sondern die richtigen, die Matarazzos aus Brasilien, die mit dem Geld!« Dabei unterstrich er das Wort »Geld« mit dem typischen Aneinanderreiben von Daumen und Zeigefinger. »Wenn ich will, kann ich die sogar jetzt anrufen. Wieviel Uhr ist es eigentlich? Neun? Sehr gut, da ist es jetzt in Brasilien fünf Uhr nachmittags. Da rufe ich die jetzt an und sage: ›Schickt mir zehn Zentner Kaffee: Alles beste Ware erster Qualität.‹«

»Und wie willst du dann kontrollieren, daß das Personal dich nicht betrügt?« fragte der Kapitän.

»Das ist doch nicht schwer: Ich stelle ihnen elektronische Kassen hin!« erwiderte Bebè lachend. »Mit den elektronischen Kassen können sie dir heute nicht einmal eine Lira klauen. Die Angestellten arbeiten, und ich sitze hier seelenruhig im Club und unterhalte mich. Abends um acht, spätestens um neun drehe ich dann mit meinem Mercedes eine Runde und kassiere ab.«

Genau in diesem Augenblick bemerkte der Professore, daß ich mehrmals mit dem Löffel in meinem Kaffee herumgerührt hatte.

»Gestatten Sie eine Frage«, wandte er sich lächelnd an mich. »Warum rühren Sie so lange?«

»Damit sich der Zucker auflöst.«

»Dann darf ich Ihnen einen Rat geben: Machen Sie mit dem Löffel nur eine einzige Hin- und Herbewegung in gerader Linie, und rühren Sie nicht so oft am Tassenrand herum. Ja, und wenn Sie wirklich etwas Gutes tun wollen, dann bewegen Sie sich am besten gar nicht. Warten Sie ein paar Minuten, dann werden Sie sehen, daß sich der Zucker von alleine aufgelöst hat.«

»Warum soll ich mich denn nicht bewegen? Damit ich mich nicht so anstrenge?«

»Nein, nur damit das Universum länger bestehen bleibt.«

»Entschuldigen Sie, aber das habe ich nicht ganz verstanden.«

»Dann erkläre ich es Ihnen«, erwiderte der Professore immer noch ausnehmend höflich. »Wissen Sie, was Gott zu Adam und Eva gesagt hat, als er sie aus dem irdischen Paradies vertrieb?«

Ich wußte es nicht, und er ließ sich nicht lange bitten, es mir zu sagen.

»Er sagte: ›Du, Mann, wirst im Schweiße deines Angesichts arbeiten, und du, Frau, wirst unter Schmerzen gebären!‹ Und als er sie dann aus dem Tor hinausgehen sah, schleuderte er ihnen noch den letzten Fluch hinterher: ›Und ihr werdet in alle Ewigkeit vom zweiten Hauptsatz der Thermodynamik verfolgt!‹ Nun, den zweiten Hauptsatz der Thermodynamik haben Sie doch gewiß in der Schule gelernt, nicht wahr?«

»Ja, sicher«, antwortete ich bestimmt, obwohl ich mich an nichts erinnern konnte.

»Ausgezeichnet«, beglückwünschte er mich, »dann möchte ich jetzt, wenn Sie erlauben, ihn auch unseren Freunden hier zur Kenntnis brin-

63

gen.« Darauf wandte er sich an Bebè und den Kapitän, um sie zur Aufmerksamkeit zu zwingen, und erklärte ihnen laut und vernehmlich den zweiten Hauptsatz der Thermodynamik: »›Jedesmal, wenn sich Materie in Energie verwandelt, wird ein Teil dieser Energie nicht mehr verwendbar und vergrößert die Unordnung der Umwelt. Das Maß für den Grad der Unterordnung heißt Entropie.‹«

Betretenes Schweigen.

»Der von den Anthropologen allzu vorschnell als *homo sapiens* bezeichnete Mensch«, fuhr Professore Riganti unbeirrt fort, »fördert das Erdöl und verwandelt es zuerst in Benzin und dann in kinetische Energie. Damit glaubt er Ordnung in seine kleine Welt gebracht zu haben und ahnt nicht, daß er auf diese Weise nur die Unordnung vergrößert hat; ja doch, denn ein Teil der im Erdöl enthaltenen Energie hat sich in Form von Kohlendioxyd in die Luft verflüchtigt und ist als solche energetisch nicht mehr verwendbar. Und daher aufgepaßt: Die Unordnung, die bei jeder Verwandlung entsteht, ist immer größer als die Ordnung, die geschaffen worden ist.«

»Aber wo ist denn diese ganze Unordnung?« fragte Bagnulo ungeduldig und sah sich um.

»Die ist um uns herum, aber auch in uns. Und daß keiner sie bemerkt, liegt nur daran, daß wir sie, wenn wir sie herstellen, immer gleich unter den Teppich kehren.«

»Unter den Teppich?« fragte Bagnulo und starrte jetzt auf die Teppiche im Club.

»Ja, genau wie gewisse Dienstmädchen, wenn sie das Haus putzen. Wir nehmen die Unordnung und laden sie in den Ländern der dritten Welt ab, oder wir tragen sie auf den Dachboden, das heißt in die Atmosphäre, oder wir stecken sie in irgendein Erdloch und hinterlassen sie der Nachwelt. Und wenn dann eines Tages diese Unordnung, etwa weil kein Wind weht, ein bißchen stagniert, dann kann es geschehen, daß sich eine Stadt wie Mailand plötzlich in eine Gaskammer verwandelt.«

»So etwas kann aber nur in Mailand vorkommen, in Neapel doch nicht?« fragte Bebè, um sich zu beruhigen.

»Es kann genausogut auch in Neapel vorkommen, wenn eines Tages alle Armen so unvernünftig sind, ein Auto haben zu wollen.«

»Ja, dürfen denn die Armen kein Auto haben?«

»Nein, eben nicht: Das Auto muß ein Privileg der wenigen bleiben. Wenn eines Tages alle eines hätten, wäre es so, wie wenn keiner eines hätte:

Man könnte nicht mehr fahren, und die Luft wäre so verpestet, daß man nicht mehr atmen könnte.«

»Und dann?«

»Und dann hätte Pascal recht, als er sagte: ›Das ganze Unglück der Welt kommt daher, daß keiner zu Hause bleiben will.‹«

Wenn wir bis jetzt schon wenig begriffen hatten, so versetzte uns Pascals Maxime vollends in Verwirrung: Der Professore bemerkte es und stellte jetzt einfachere Fragen, die er dann im übrigen selber beantwortete.

»Warum wollen denn die Menschen nicht zu Hause bleiben? Weil sie Zerstreuung brauchen. Und warum brauchen sie Zerstreuung? Damit sie nicht an den Tod denken müssen. Sie laufen hinter dem Geld und der Macht her, als könnten Geld und Macht ihnen Unsterblichkeit verleihen. *Ergo:* Der Weise bewegt sich nicht, sondern bereitet sich auf den Tod vor, und das haben die indischen Asketen schon vor tausend Jahren begriffen.«

»Das heißt also«, schloß Bebè mit beschwörenden Gesten, »wir sollen uns auf den Tod vorbereiten?«

»Genau das«, nickte der Professore, »indem wir uns zuerst an den Gedanken gewöhnen und ihn dann nicht mehr so wichtig nehmen.«

»Aber wie soll man das denn machen?«

»Zuerst denkt man an den Tod wie an einen gewöhnlichen Wohnungswechsel, wobei man eine gewisse Wehmut empfindet beim Gedanken an das, was man verläßt, und gleichzeitig ein wenig Neugier für das, was auf einen zukommt. Ja, ich würde sogar so sagen: Ein wirklich neugieriger Mensch müßte doch, um seinen Wunsch ganz zu erfüllen, den Tod als das schnellste Mittel herbeiwünschen, um zur Wahrheit zu gelangen. Ich zum Beispiel sehne ihn, je älter ich werde, immer mehr herbei.«

Bebè Maglione und Kapitän Bagnulo sahen sich wortlos an.

»Eines wissen wir sicher«, fuhr der Professore fort, »der Tod tritt schmerzlos ein. Noch nie hat ein Sterbender in seinem wirklich letzten Augenblick einen furchtbaren Schrei ausgestoßen. Der Übergang erfolgt wohl unmerklich, etwa so, wie wenn man vom Wachen in Schlaf verfällt. Und überhaupt, was soll schon groß dran sein an diesem Tod!«

»Also, wenn ich Sie richtig verstanden habe«, sagte der Kapitän, »dann dürften wir, um uns entsprechend auf den Tod vorzubereiten, nie aus dem Haus gehen?«

»Der Philosoph geht nicht aus dem Haus.«

»Aber wenn man in den Club geht, ist das, wie wenn man zu Hause bliebe«, versicherte Bebè, der ganz gewiß mehr Stunden im Club verbrachte als zu Hause, wo er offenbar eine unausstehliche Frau hatte.

»Zu Hause oder im Club ist egal«, bestätigte der Professore, »wichtig ist nur, daß man sich nicht bewegt.«

»Ja, aber Bewegungslosigkeit ist auch gleichbedeutend mit Tod«, versuchte ich zu widersprechen.

»Nur wenn die Ordnung und die Unordnung zusammentreffen, und das geschieht erst am letzten Tag«, erwiderte der Professore. Dann nahm er eine der leeren Tassen, die auf dem Tisch standen, und zeigte sie herum. »Seht hier diese Tasse: Wenn ich da jetzt ein bißchen Milch und ein bißchen Kaffee hineingieße, was entsteht dann?«

»Milchkaffee«, traute sich Bebè zu sagen.

»Richtig. Und warum?«

»Weil man Milchkaffee so macht«, erwiderte Bebè, dem diese sokratischen Dialoge nicht sehr behagten.

»Weil die Natur immer zur Homologie tendiert«, behauptete der Professore, »daher bleiben die Kaffeemoleküle und die Milchmoleküle, wenn sie zusammen in die Tasse kommen, nicht schön getrennt wie zwei feindliche Heere, sondern verbinden sich untereinander und bilden in kürzester Zeit eine Mischung in einer Zwischenfarbe, die wir Milchkaffee nennen. Und nachdem der Kaffee und die Milch sich einmal vermischt haben, können sie von allein nie wieder das werden, was sie einmal waren. Moral: Die Unordnung hat sich vergrößert, und zwar irreversibel.«

Kapitän Bagnulo warf Bebè einen hilfesuchenden Blick zu, damit dieser sich irgendeine Entschuldigung einfallen ließe, wie sie dieser Prüfung entrinnen konnten. Er hatte eindeutig genug vom zweiten Hauptsatz der Thermodynamik und wollte um jeden Preis weg. Ich dagegen interessierte mich immer mehr für das Problem.

»Aber was hat denn der Milchkaffee mit dem Ende des Universums zu tun?«

»Er hat sehr wohl etwas damit zu tun«, erwiderte der Professore, glücklich, daß wenigstens einer ihm folgte. »Weil nämlich das ganze Universum früher oder später ein einziger riesiger Cappuccino wird. Die Materie ist dazu bestimmt, sich früher oder später zu pulverisieren: Nicht einmal das Proton, das unsichtbare Proton, kann sich in ein paar Jährchen, um es genau zu sagen, in zehn hoch einunddreißig Jahren, unversehrt erhalten, und die gesamte existierende Materie bildet nur noch einen einzigen, vollkommen homogenen Brei, wobei es dann zwischen einem bestimmten Punkt des Universums und einem anderen überhaupt keinen Unterschied mehr gibt. Da es an jenem Tag keine Verschiedenheit der Temperatur, des energetischen Potentials, der elektromagnetischen Kräfte, der Gravitationskräfte sowie der starken oder schwachen Kerne mehr gibt, hat die Materie auch kein Motiv mehr, sich von einer Stelle des Raums zu einer anderen zu bewegen, und alles wird vollkommen bewegungslos. Die Entropie hat ihren Höchstwert erreicht, und die Unordnung trifft mit der Ordnung zusammen, das heißt mit dem Tod.«

»Was sollen wir also tun?« fragte Bebè.

»Uns nicht bewegen«, antwortete der Professore.

»Und alles nur, weil der Ingegnere dreimal im Kaffee gerührt hat!« rief Kapitän Bagnulo aus und wandte sich mir dann in ernstem Ton zu: »Sehen Sie, was Sie da angerichtet haben!«

»Ja, ja, macht nur eure Witze... Ihr werdet es schon noch merken!« tadelte der Professore.

»Dem zweiten Hauptsatz entkommt man nicht! Wehe, man unterschätzt ihn und denkt, daß es da ja nur um einen physikalischen Prozeß geht, der bis in alle Ewigkeit dauert. Nein, der schlägt auf allen Gebieten zu, überall lauert die Homologie. Heute sprechen wir hier noch italienisch, aber unsere Enkel werden morgen in denselben Sesseln hier nur noch englisch reden. Und die ganze Welt wird nur noch englisch reden, weil der zweite Hauptsatz das eben so will. Es wird keine Dialekte, keine Nationalsprachen, keine Gebräuche, Feste und Volksmusik mehr geben, keinen Tarantella, keinen Sirtaki, keinen Flamenco. Auf der ganzen Welt wird sich der amerikanische Rock verbreiten oder ein anderer Rhythmus, der ihn dann vielleicht ablöst, und wir werden danach tanzen müssen, ob wir wollen oder nicht. Wir werden nicht mehr unseren Espresso trinken, sondern nur noch den internationalen dünnen Kaffee. Wir werden alle mit dem gleichen Waschmittel waschen. Es wird keine regionale Küche mehr geben, weil wir dann alle bei McDonald essen. Man wird keinen Eskimo mehr von einem Brasilianer unterscheiden können, auch die Rassen werden verschwinden, und wir werden alle ungefähr die gleiche (mehr oder weniger kaffeebraune)

Hautfarbe haben. Alle werden die gleiche Art von Jeans tragen. Werbung wird das vom Homologie-gesetz zubereitete Gift sein und das Fernsehen der Becher, aus dem wir trinken.«

»Entschuldigen Sie, Professore«, unterbrach ihn der Kapitän und stand auf, »aber wir werden dort aus dem Spielesaal gerufen. Bebè und ich haben nämlich unsere Partie Scopone mit dem Ehepaar Filomarino noch nicht zu Ende gespielt.«

Bebè ließ sich dies nicht zweimal sagen und sprang ebenfalls auf.

»Schade, Professò«, entschuldigte er sich. »Das Gespräch war sehr interessant, aber... die Pflicht ruft, wie es so schön heißt!«

So blieb ich allein mit dem Professore Riganti zurück.

»Die beiden sind grundanständig und nett«, meinte der Professore über die Deserteure. »Sie wissen es selber nicht, aber sie sind ein typisches Beispiel für ›dynamische Immobilität‹.«

»Was meinen Sie damit?«

»Bebè erzählt schon seit zehn Jahren, daß er drei Kaffeeröstereien aufmachen will: eine am Vomero, eine am Bahnhof und eine in Fuorigrotta. Er erzählt das immer, aber er tut es nie. So etwas nennt man technisch ›dynamische Immobilität‹. Hin und wieder droht er auch damit, daß er in Brasilien anrufen will, aber keiner hat je gesehen, daß er eine Münze aus der Tasche gezogen hat. Kapitän Bagnulo hingegen ist ein heimgekehrter Immobiler.«

»Ein heimgekehrter…?«

»Ja, früher einmal war er ein Störenfried: Er besaß ein zwölf Meter langes Kabinenboot, den berühmten *Re dei Mari* mit zwei Dieselmotoren, die die Luft verpesteten, und damit machte er den ganzen Golf unsicher.«

»Nennen ihn deshalb alle Kapitän?«

»Gewiß. Aber auch noch aus einem anderen Grund: Bagnulo war die größte Nervensäge hier im Club. Er stand immer auf der Terrasse und kontrollierte sämtliche Manöver der in den kleinen Hafen einfahrenden Boote. Keiner konnte es ihm rechtmachen. Sobald ein Bootseigner seinen Fuß an Land setzte, knöpfte er ihn sich vor und erteilte ihm nautische Lektionen. ›Wie du wieder angelegt hast!‹ sagte er zum Beispiel. ›Wie oft soll ich dir noch sagen, daß du bei Südwest von der Strömung an Land getrieben wirst! Warum, zum Teufel, machst du dann nicht beide Motoren an? Sonst muß man sich ja wirklich fragen, wozu du überhaupt ein Boot mit zwei Motoren gekauft hast?‹ So ist der Bagnulo gewesen. Dann hat er aber vor fünf oder sechs Jahren, als er mit seinem *Re dei Mari* vor der Insel Procida herumfuhr, eine Untiefe mißachtet und ist mit seinem Boot abgesoffen.«

»Welche Untiefe meinen Sie?« fragte ich. »Die vor dem Hafen, wenn man von Ischia herkommt?«

»Genau die, und die wird jetzt hier im Club die ›Bagnulo-Untiefe‹ genannt. Sie soll unter diesem Namen sogar in die neuesten Seekarten eingetragen werden. Unnötig zu sagen, daß der Ärmste nach seinem Schiffbruch eine Weile nicht mehr den Mut hatte, sich hier sehen zu lassen. Jetzt ist er seit vielleicht zehn Monaten wieder da, aber er stört keinen Menschen mehr. Er hat kein Boot mehr und interessiert sich auch nicht mehr für die der anderen. Auch er übt dynamische Immobilität. Aber manchmal hat er dann eben keine Lust mehr, mir zuzuhören, und erfindet irgendeine kindliche Ausrede, um weggehen zu können.«

Die andere Persönlichkeit, die mich auf meinem Weg zur Philosophie ermutigte, war Professore Barbieri, ein schon etwas älterer Herr, der in Neapel in der Via Sant Eligio am Markt wohnte.

Barbieri sah sich selber weniger in der Rolle des Schullehrers als vielmehr in der eines Hauslehrers, eines Erziehers. Er hätte seinen Beruf am liebsten so ausgeübt, daß er mit einem Dutzend Schülern, denen er die subtile Kunst des positiven Zweifels beibrachte, im Wäldchen von Capidomonte spazierenging. Zu seinem Leidwesen aber waren die Bewohner der Marktgegend alles Leute, die im Großhandel tätig waren und daher Zahlungen in bar forderten. Von seinen Vorstellungen einmal abgesehen, begnügte sich der Professore damit, zwei widerwärtigen kleinen Jungen Nachhilfeunterricht zu geben, die seinen Haß voll erwiderten.

»Ich behalte sie«, erklärte er mir eines Tages, »weil der eine der Sohn des Wurstwarenhändlers und der andere der Sohn des Obst- und Gemüsehändlers ist. Die Würde muß in meinem Fall hinter dem Appetit zurückstehen, und das Gehirn muß resignieren.«

Das erste Mal hatte mir auf einer meiner vielen Reisen von Mailand nach Neapel ein Apotheker von Barbieri erzählt.

»Den müssen Sie unbedingt kennenlernen, das werden Sie nicht bereuen. Ich bin sicher, daß Sie beide als Neapolitaner sich auf Anhieb verstehen.

Ich zum Beispiel habe von ihm gelernt zuzuhören. Das konnte ich nämlich früher nicht, da wollte ich immer reden. Ich redete und lernte nie etwas. Ist ja auch klar: Ich ließ den anderen ja nie Zeit, mir etwas beizubringen!«

Da Barbieri kein Telefon besaß, blieb mir nichts anderes übrig, als ihn unangemeldet zu Hause aufzusuchen. Ich klingelte, und eine laute Stimme forderte mich auf einzutreten. Drinnen war es kälter als draußen. Er saß an einem Schreibtisch und aß einen Teller Nudeln mit Kichererbsen, der mitten zwischen Stapeln von Büchern und Papieren stand. Barbicri trug einen Mantel und unter dem Mantel einen Schlafanzug.

»Störe ich?« fragte ich ein wenig verlegen.

»Ehrlich gesagt, ja, aber da Sie nun schon einmal hier sind, können Sie sich auch setzen.«

»Sind Sie Professore Barbieri?«

»Vielleicht«, erwiderte er und nahm damit in einem einzigen Wort bereits alle seine Gedankengebäude vorweg.

Als ich ihn dann später besser kannte, erklärte er mir selber die Bedeutung dieser seiner ersten als Zweifel formulierten Antwort.

»Der Weise verneint nicht und bejaht nicht, er

schwärmt nicht und ist nicht niedergeschlagen, er glaubt weder an Gott, noch glaubt er nicht an Gott. Der Weise hat keine Gewißheiten, er hat nur mehr oder weniger wahrscheinliche Hypothesen.«

»Und was macht er dann?«

»Er wartet.«

Es wurde mir bald zur Gewohnheit, ihn an jedem ersten Sonntag im Monat zu besuchen. Ich kam mit dem Zug aus Mailand, lieh mir von meiner Schwester das Auto und fuhr mit ihm in die Casina Rossa nach Torre del Greco zum Essen. Für eine Fischsuppe und einen Liter Gragnano lehrte er mich den positiven Zweifel.

Sein Lieblingsdenker war Bryson, ein sokratischer Philosoph, der in keinem philosophischen Lehrbuch zu finden ist.

»Bryson von Herakleia? Das wundert mich aber, daß Sie den nicht kennen! Er war der Begründer des Skeptizismus: Seine Schüler waren Pyrrhon von Elis und Anaxarchos, und das sollte ja wohl genügen.«

»Und was ist der Skeptizismus?«

»Die Denkschule jener, die ›immer suchen und nie finden‹, *Zetetes* heißt nämlich auf griechisch ›der Suchende‹.«

»Aber was soll denn daran so schön sein, daß man immer nur sucht und nie etwas findet?« wandte ich ein.

»Die Freude besteht ja darin, einen Gipfel zu besteigen, und nicht darin, oben zu stehen, sonst würden sich die Bergsteiger ja lieber gleich von einem Hubschrauber auf der Bergspitze absetzen lassen.«

»Und das hat Bryson gelehrt?«

»Erstens *epoché* oder die Zurückhaltung des Urteils, zweitens *aphasie* oder die Fähigkeit, sich nicht auszudrücken, und drittens *ataraxie*, die Unerschütterlichkeit, also das Fehlen von Angst.« Da das Familienoberhaupt sich durch nichts in der Welt dazu bewegen ließ, irgendeine Entscheidung zu treffen, hatte seine Frau, Signora Assunta, eine auf das Anfertigen von Erstkommunionskleidern spezialisierte Schneiderin, die Haushaltsführung übernommen. Die Beziehungen zwischen den beiden waren inzwischen so abgekühlt, daß sie sich nur noch gegenseitig duldeten und eben zusammenwohnten. Hin und wieder versuchte sie, ihn zu rechtfertigen.

»Denken Sie nicht schlecht über ihn«, sagte sie zu mir, »er redet nur so gottlos daher, um die Leute zu erschrecken, in Wirklichkeit hat er ein

gutes Herz. Leider gefällt es ihm, die Leute vor
den Kopf zu stoßen, aber jetzt wird er nur noch
ausgelacht. Dabei war er früher einmal ein so intelligenter Mann, glauben Sie mir.«

»Meine Frau kann Gottlose nicht von Agnosti-
kern unterscheiden«, rechtfertigte er sich leicht
verärgert. »Wie oft habe ich versucht, ihr den Unterschied zwischen einem, der nicht glaubt, und
einem, der nicht weiß, zu erklären, aber sie will
einfach nicht verstehen. Für sie sind ja sogar Mo-
hammedaner Gottlose.«

Um mir begreiflich zu machen, was er unter
Glauben verstand, führte mich der Professore eines Tages in sein Schlafzimmer, damit ich mir das
Bild seines Schutzheiligen ansehen sollte: In einem Rahmen befand sich ein Fragezeichen aus
lauter bunten Lämpchen, und darunter standen
auf einer kleinen Konsole zwei ewige Lichtlein,
wie man sie auf dem Friedhof benutzt. Barbieri
drückte auf einen Knopf, und die Lämpchen des
Fragezeichens begannen zu blinken.

»Sie müssen entschuldigen«, sagte Signora Assunta, »dieser Tabernakel ist wirklich unerträg-
lich, ich hasse ihn geradezu!«

»Hören Sie nicht auf sie, Ingegnè, lassen Sie
sich von ihr nicht ablenken, und hören Sie mir lie-

79

ber zu«, fiel ihr Barbieri ins Wort. »Das Fragezeichen ist ein Symbol des Guten, während das Ausrufezeichen ein Symbol des Bösen ist. Wo immer Sie auf Ihrem Weg Fragezeichen begegnen, Priestern des positiven Zweifels, da können Sie sicher sein, daß das gute Menschen sind: fast immer tolerant, aufgeschlossen und demokratisch. Wo Sie dagegen auf Ausrufezeichen treffen, auf die Paladine der großen Gewißheiten, die Reinen des unerschütterlichen Glaubens, da sollten Sie sich fürchten, weil dieser Glaube oft in Gewalt ausartet. Ich meine damit aber nun nicht den religiösen Glauben, sondern auch den politischen Glauben oder den Glauben an den Sport, also jede Form von Glauben. Die islamischen Fundamentalisten, die Fußballfans, die Anhänger der schwarzen oder der roten Brigaden gehören alle ein und derselben Sorte von Leuten an, die glauben, als einzige die Wahrheit zu besitzen, als gäbe es so etwas wie die einzige und unanfechtbare Wahrheit tatsächlich. Der Zweifel hingegen ist eine diskrete Gottheit, er ist ein Freund, der zurückhaltend an Ihre Tür klopft. Ein Zweifler breitet seine Ansichten in aller Ruhe aus und ist jederzeit bereit, sie radikal zu ändern, wenn ihm jemand beweist, daß sie falsch sind.«

»Entschuldigen Sie das Wortspiel, Professore, aber ich habe da doch gewisse Zweifel, was den Zweifel betrifft«, erwiderte ich. »Wenn wir nur einmal das Beispiel von Kolumbus nennen. Er ist doch nur deshalb aufgebrochen, weil er die Gewißheit hatte, jenseits des Atlantiks Indien zu finden. Nur diese Gewißheit hat ihm die Kraft verliehen, bis ans Ende zu gehen. Daß er sich dabei verrechnet hat, spielt ja keine so große Rolle: Er ist abgefahren und hat Amerika entdeckt. Ich meine, daß ohne ein Minimum an Glauben keine große Eroberung denkbar ist.«

»Ja, warum denn nicht?« versetzte Barbieri. »Ist denn nicht der Zweifel die Triebfeder jeder Neugier? Also, ich schreibe eben den Zweifel ganz groß, während das bei Ihnen nicht der Fall zu sein scheint.«

»Woher wollen Sie das so genau wissen?«

»Das merke ich schon am Tonfall: Sie sprechen das Wort ›Zweifel‹ so lässig und ohne jede Begeisterung aus, Sie sagen nie laut und vernehmlich ›Zweifel‹, wie ich das tue.«

»Und das Danach? Was ist danach?«

»Die Frage nach dem Danach ist die allerwichtigste, es ist die Frage, die uns am meisten peinigt: Was wird danach sein? Werden wir danach ein

81

neues Leben leben? Oder werden wir uns im Nichts auflösen?«

»Und wie lautet die Antwort?«

»Die Antwort lautet: Ich weiß es nicht.«

»Etwas enttäuschend!«

»Warum denn? Warum soll man denn blindlings glauben, wenn man einfach nur ein paar Jahre zu warten braucht, um die Wahrheit zu erfahren? Warum soll man etwas glauben, was sich danach als falsch erweisen könnte?«

»Weil auch der Glaube sein Gutes hat und einem zum Beispiel die Angst nimmt.«

Eines Tages machten wir, nachdem wir wie immer in der Casina Rossa zu Mittag gegessen hatten, einen Spaziergang am Vesuv. Der Blick von der Aussichtsplatte war so beeindruckend, daß man hätte weinen können. Alles schien für uns auf Hochglanz poliert, ein Panorama wie auf einer Ansichtskarte, die Vesuvkogel wirkten wie aus erstarrter, rötlicher Schlagsahne modelliert, und Capri, Ischia sowie Procida boten einen unbeschreiblich heiteren Anblick im Meer.

»Wie soll man da nicht an Gott glauben?« rief ich aus. »Dies alles hier kann doch nicht einfach nur aus Zufall so entstanden sein?«

»Das ist ja nicht das Problem«, erwiderte Barbieri. »Zufall oder Schicksal, Big Bang oder Herrgott, das ist ganz gleichgültig. Eines Tages werden wir es ja erfahren. Wenn ich gegen den Glauben kämpfe, dann tue ich das ja nicht, weil ich nicht an Gott glaube, sondern weil ich mich auf diesem Dogma nicht ›ausruhen‹ will. Lieber lebe ich mit meinen Zweifeln, als daß ich Gott als eine unverrückbare Gegebenheit ›abhake‹. Ich beschäftige mich wahrscheinlich mehr mit der Gottesidee als jeder praktizierende Katholik.«

»Aber kann man denn ohne Gewißheiten leben?«

»Ja, solange man fähig ist zu hoffen. Und im übrigen muß ich Sie doch fragen, ob Sie mir auch nur ein einziges Ding nennen können, dessen Existenz für Sie ganz sicher ist?«

»Ich habe Ihre Frage nicht ganz verstanden«, antwortete ich, weil ich nicht wußte, worauf er hinauswollte.

»Können Sie mir auch nur die kleinste Episode nennen, die sich Ihrer Meinung nach wirklich ereignet hat?« wiederholte Barbieri. »Was weiß ich... zum Beispiel, daß wir heute zum Mittagessen beide einen Seebarsch verzehrt haben...«

»Das werden Sie doch wohl nicht schon vergessen haben?« fragte ich, nachdem ich ganz genau wußte, daß er diesen nicht nur ganz aufgegessen, sondern sich auch noch den Kopf hatte bringen lassen, den er dann mit der Geschicklichkeit eines Chirurgen auseinandernahm.

»Natürlich habe ich das nicht vergessen! Und bei dieser Gelegenheit möchte ich Ihnen auch noch einmal dafür danken. Aber können wir denn wirklich so sicher sein, daß wir Seebarsch gegessen haben?«

»Warum sollen wir denn da nicht sicher sein?«

»Haben Sie nicht vorher gesagt, daß Sie an Gott glauben?«

»Ja, ich glaube an ihn.«

»Und ich nehme an, daß Ihr Gott allmächtig ist.«

»Wenn er Gott ist, ist er auch allmächtig.«

»Ja, und hätte dann ein allmächtiger Gott nicht auch eine bereits funktionierende Welt erschaffen können?«

»Was meinen Sie mit ›funktionierend‹?«

»Nun«, erwiderte Barbieri schon ein wenig ungeduldig, »könnte denn unsere Welt, der Himmel, das Meer, das Universum, dieses ganze Schauspiel rings um uns nicht auch erst jetzt, in diesem Augenblick, geschaffen worden sein? Nehmen wir doch nur einmal einen Moment lang an, daß jeder von uns jetzt geboren ist, heute um 15 Uhr 32, und daß er eine programmierte Erinnerung in seinem Kopf hat, dank derer er ›glaubt‹, bisher schon gelebt zu haben.«

»In dem Fall wäre der Seebarsch…«

»…nur scheinbar von uns verzehrt worden. In Wirklichkeit hat es ihn nie gegeben. Er ist nur eines der vielen Bilder, mit denen unser Gedächtnis bei der Geburt ausgerüstet worden ist.«

»Aber das ist doch unmöglich.«

»Nein, mein Lieber, es ist unwahrscheinlich.«

3. Kapitel

DIE ZEIT

Wenn ein Schriftsteller ein Erinnerungsbuch ver-
faßt, so kann man zumindest von ihm erwarten,
daß er sich richtig erinnert und keine Lügen erzählt. Aber das ist gar nicht so einfach, schon deshalb nicht, weil die Vergangenheit keinen Augenblick stillsteht: Sie ist ständig in Bewegung wie eine
Fahne an einem windigen Tag. Aus der Gegenwart
betrachtet, verändert sie sich unablässig, bis sie
schließlich das wird, was Augustinus als »die Gegenwart der Vergangenheit« bezeichnet hat.

Ich fühle mich in diesem Augenblick wie ein
Angestellter, der vier Wochen Urlaub bekommen
hat, wovon drei schon verstrichen sind. Ein wenig
denke ich an die schon hinter mir liegenden Jahre
und ein wenig auch, und zwar nicht ohne leise Be-
unruhigung, an die mir noch bevorstehende Zeit.

Ich habe das Gefühl, in einem winzigen Raum, praktisch einem schmalen Korridor zu sitzen und in zwei nebeneinanderliegende Räume zu blicken. Einer liegt rechts von mir, ist riesengroß und voller kunterbunt durcheinanderliegender Erinnerungsstücke, der andere links. Dieser ist nur schwach beleuchtet, und ich kann darin kaum ein paar Schatten unterscheiden. Vor mir zeigt eine große Uhr die Zeit an, während sich die Wände meines Korridors ganz unmerklich von rechts nach links verschieben. Ich sehe natürlich nicht, wie sie sich verschieben, nur wird der Vergangenheitsraum mit der Zeit immer größer, während der Zukunftsraum schrumpft.

Der Erinnerungsraum ähnelt einem riesigen Trödelladen. Darin befinden sich ein altes Allocchio-Bacchini-Radio, die Siegerurkunde für den 800-Meter-Lauf bei den Kampanien-Meisterschaften 1951, eine Wyler-Vetta-Uhr mit phosphoreszierenden grünen Zeigern, mein erstes Erwachsenenfahrrad (ein Bianchi Splendor, schwarzlackiert und goldverbrämt), eine Nacht, die ich mit Freunden im Gespräch über flüchtige Dinge (Was würdest du machen, wenn du eine Million gewinnen würdest?) oder über tiefschürfende Fragen (Glaubst du, daß es Gott gibt?) verbracht habe, ein Nudelauflauf, den ich am Lido delle Sirene in Coroglio gegessen habe, wo Mama mir die knusprige Kruste gab, weil sie wußte, daß mir die am besten schmeckte.

In dem Zukunftsraum dagegen kann ich gar nichts erkennen. Ich würde dort so gern die Zeichen einer letzten und wenn möglich weniger leidvollen Liebe erkennen oder das Plakat jenes Films, den ich immer drehen wollte und noch nicht gedreht habe, oder den Umschlag jenes Buches, das ich immer schreiben wollte und noch nicht geschrieben habe.

Ich möchte gern einen Zauberfernseher, um Jahr für Jahr, Tag für Tag mein ganzes Leben noch einmal zu sehen. Wer weiß, wie es auf mich wirken würde, wenn ich mich da sehen könnte, wie ich mich von gewissen Impulsen, Ideen und Gefühlen leiten lasse, die mir heute gar nicht mehr entsprechen? Dieser blonde Junge da, der sich vor Liebe verzehrt, während er vor der Schule auf seine Freundin wartet, bin das tatsächlich ich? Hätte ich auch heute noch Herzklopfen beim Abitur? Würde ich gewisse Studentenstreiche noch einmal machen? Und was könnte ich zu meiner Entschuldigung für gewisse politische Gespräche im Jahr 1946 vorbringen, als ich, weiß Gott warum, für die Monarchie war? Und für meinen Streit mit den Eltern? Und für die Lügen, die ich meinen Geliebten erzählt habe?

Und wenn ich nun, statt in die Vergangenheit zu blicken, versuchte, kurz in die Zukunft zu schielen? Dann könnte ich alle Schwierigkeiten und Freuden, die mir bevorstehen, im voraus sehen: Was weiß ich... eine Rezension... eine besondere berufliche Anerkennung... ein Geburtstagsfest... das Gesicht eines noch ungeborenen Enkelkindes... Bei all dem müßte ich natürlich sehr darauf achten, mich nicht allzuweit vorzuwagen, um nicht jenes schreckliche Datum zu erreichen, nach dem sich auf dem Bildschirm keine Bilder mehr bewegen... Nein, ich glaube, daß ich – auch wenn ich ein solches Videogerät besäße – nicht den Mut hätte, es zu gebrauchen.

Natürlich kann ich, wenn ich sehe, wie rasend schnell die ersten drei »Urlaubswochen« vergangen sind, beim Gedanken an die vierte eine gewisse Beklemmung nicht unterdrücken: Kaum hat man fröhliche Weihnachten gesagt, ist schon wieder Ostern, dann wieder Weihnachten und wieder Ostern, und eines Tages begegnet man einem alten Schulkameraden, der sagt: »Gestern habe ich mir meinen Seniorenpaß abgeholt.«

»Was ist denn das?« fragt man ihn.

»Was«, wundert er sich, »du kennst den Seniorenpaß nicht? Den kriegt doch jeder, wenn er mal sechzig ist. Und er ist ja auch wirklich sehr angenehm: Bei Bahnfahrten kriegst du dreißig Prozent Rabatt.«

»Was hab' ich damit zu tun?« möchte man dann fragen, aber es fehlt einem der Mut.

»Was ist die Zeit?« fragt sich Augustinus und fährt fort: »Wenn keiner mich danach fragt, weiß ich es, aber wenn ich es dem erklären müßte, der mich danach fragt, würde ich es nicht mehr wissen.«

Und die Gegenwart? Gibt es die Gegenwart wirklich? Wenn es zutrifft, daß es die Vergangenheit nicht gibt, weil sie nicht mehr ist, und wenn es ebenso zutrifft, daß es die Zukunft nicht gibt, weil sie noch nicht ist, wie soll es da die Gegenwart geben, die doch nichts anderes ist als die Trennung zwischen zwei Dingen, die es nicht gibt? Es gibt zweifellos zwei Zeitkonzepte: das physische, das für alle gleich sein sollte, und das psychische, das je nach Individuum und nach dessen Erlebnissen variiert. Die psychische Zeit ist ein persönliches Merkmal wie etwa die Augen- oder die Haarfarbe, aber gleichzeitig auch eine zufällige Größe: Man vergleiche nur einmal den Tageslauf eines Hausierers für Waschmittel mit dem eines lebenslänglich Inhaftierten, um zu verstehen, wie der Zeitbegriff variiert. Augustinus hat ihn als »eine Erweiterung der menschlichen Seele« definiert.

Zum Thema psychische Zeit fällt mir eine aufschlußreiche Episode aus meiner Zeit bei IBM ein. Wir hatten in Neapel einen besonders schönen Firmensitz, und zwar das erste und das oberste Stockwerk eines der schönsten Palazzi in der Via Orazio mit Panoramablick auf den Golf. Einziger Nachteil war, daß es nur einen »lahmen« oder, um es technisch auszudrücken, »einen der Firmendynamik nicht angemessenen« Aufzug gab. Kein Tag verging, an dem sich nicht irgendein Angestellter über das »entnervende Warten auf dem Treppenabsatz des ersten oder des sechsten Stockwerks« beklagte. Andererseits war das Gebäude einst als Wohnhaus geplant worden, das Treppenhaus war zu eng für einen zweiten Lift.

Also wurde ein Expertenteam gebildet. Aus Mailand trafen ein Architekt und ein Vermessungstechniker ein, die innerhalb einer Woche den Plan für den Einbau eines zweiten Aufzugs im

Hof des Gebäudes vorlegten. In der Zwischenzeit war der Portier Don Attilio mit der Zählung der Personen beauftragt worden, die den Aufzug zwischen früh um halb neun und sieben Uhr abends benutzten, eine Aufgabe, derer sich der brave Mann mit größter Sorgfalt entledigte, indem er in ein schwarz eingebundenes Heft mit kariertem Papier Zeichen machte.

»Sehen Sie mal, Ingegnè, ob ich es richtig mache«, sagte er eines Tages zu mir und zeigte mir sein Heft. »Ich mache einen Strich für jeden Hausbewohner, den ich hinauffahren sehe, und ein Kreuz für jeden IBMler.« Dann sah er mich nach einer kurzen Pause zerknirscht an und setzte hinzu: »Ein Kreuz, Ingegnè, ein Kreuz!«

Nachdem diese Erhebungen abgeschlossen waren, wurde eine Sitzung einberufen, um über den Kostenvoranschlag zu beraten und vor allem auch um den Widerstand einiger Hausbewohner zu brechen, die sich gegen das Projekt sträubten. Alle betroffenen Parteien waren zugegen, und man diskutierte gerade über die Baugenehmigung, als Attilio aus dem Hintergrund des Saals ums Wort bat.

»Ich hätte da vielleicht einen Vorschlag. Kann ich reden?«

»Ja, bitte«, erwiderte der Geschäftsführer.

»Entschuldigen Sie, wenn ich mich da einmische, aber ich würde an Ihrer Stelle nicht so viel Geld für einen zweiten Aufzug ausgeben, sondern lieber zwei schöne Spiegel kaufen. Den einen würde ich im ersten Stock anbringen, den anderen im sechsten: Auf diese Weise gucken sich die Leute an, und die Zeit vergeht, ohne daß sie es bemerken.«

Das war die Lösung, und von da an hat sich niemand mehr über das lange Warten beklagt.

Eine der besten Methoden, sich zu versichern, daß es die Zeit tatsächlich gibt, ist einfach, etwas sich Bewegendes zu beobachten. Nehmen wir einmal an, vor mir geht hüftenschwingend ein schönes Mädchen, und ich kann sagen, daß es *zuerst* rechts von mir war und danach *links* von mir. Das *Zuerst* und das *Danach* könnten damit ein annehmbarer Beweis für das Vorhandensein von Zeit sein. Dennoch werde ich, wenn ich es so habe vorübergehen sehen, nie erfahren, wieviel Zeit es »effektiv« gebraucht hat, um diese paar Meter zurückzulegen.

Das Mädchen ist vor mir vorübergegangen, und ich habe es mit regelmäßigen Intervallen von einer

Zwanzigstelsekunde unablässig mit meiner Netz-
haut fotografiert. Dadurch, daß mein Gehirn alle
diese Bilder miteinander verbindet, kann es nachher sagen, daß es »gesehen« hat, wie das Mädchen
vorüberging, ebenso wie ein Zuschauer, der gerade aus dem Film *La carica dei seicento* kommt,
überzeugt ist, »gesehen« zu haben, wie Errol
Flynn sich im Galopp auf den Feind gestürzt hat.
In Wirklichkeit waren sowohl das Mädchen als
auch Errol Flynn in jedem einzelnen Augenblick
vollkommen bewegungslos, wenn sie auch jedesmal in einer anderen Position wahrgenommen
worden sind. Nur weil das Gehirn die einzelnen
Fotogramme verknüpft hat, ist der Eindruck von
Bewegung entstanden.

Daraus ergibt sich für uns eine Vorstellung von
der Subjektivität der Bewegung und infolgedes-
sen auch der Zeit: Wenn die Sensibilität meines
Auges sehr viel langsamer wäre, zum Beispiel nur
eine Zehntelsekunde, hätte ich das Mädchen rasend schnell wie in einem komischen Stummfilm
vorüberhasten sehen. Wenn ich hingegen die Seh-
empfindlichkeit einer Fliege hätte, so hätte ich sie
ganz langsam wie in Zeitlupe gehen sehen.

Deshalb schaffen wir es auch nie, eine Fliege zu
fangen: Von seinem Mischpult aus sieht das Tier-

chen unsere Zeitung so extrem langsam auf sich zukommen, daß es genug Zeit hat, uns auszuweichen, ja, es kann sogar noch seine Gefährtin warnen.

»Paß auf, da kommt eine Zeitung!«

»Tatsächlich?«

»Es ist die *Repubblica*!«

»Du liebe Zeit, die *Repubblica*! Was mach' ich da?«

»Weiß nicht... gehen wir weiter nach oben, da stört uns keiner mehr.«

Und sie fliegen davon.

Daraufhin muß ich mich doch fragen: Welches ist nun die wirkliche Zeit des Universums? Die des Menschen oder die der Fliege? Na ja, denn die Fliege lebt zwar nur ein paar Tage, aber sie hat einen so verlangsamten Zeitbegriff, daß es ihr so scheint, als lebe sie sehr lange.

Rufen wir Bergson, Einstein und Fellini zu Hilfe und sehen wir, ob einer dieser illustren Herren uns philosophisch, wissenschaftlich oder poetisch den Zeitbegriff verständlicher machen kann.

Bergson erklärt, daß wohl das Auge das Mädchen sieht, die Bewegung aber vom Gedächtnis »gesehen« wird. Denn, sagt der Philosoph, woher kommt es eigentlich, daß ich beim Beobachten eines Pendels einschlafe? Liegt es vielleicht an der letzten Schwingung? Bestimmt nicht, sonst wäre ich ja schon bei der ersten eingeschlafen. Offenbar hat mich also die regelmäßige Bewegung eingeschläfert, und das wäre nicht passiert, wenn das Auge sich nicht auf das Gedächtnis gestützt hätte, das sich an alle vorhergehenden Schwingungen erinnert. Die Dauer, schließt Bergson, ist nicht etwas Äußerliches, das sich messen läßt, wie etwa der Raum, sondern eine geistige Synthese.

Einstein geht noch weiter. Er glaubt, daß nicht nur die psychische, also die innere Zeit relativ ist, sondern daß auch die physische, also die äußere Zeit je nach der Geschwindigkeit, mit der die Uhr sich im Raum bewegt, variiert, und um dies auch Nichtmathematikern verständlich zu machen, erzählt er das Paradoxon von den Zwillingen.

Es war einmal ein Zwillingspaar, das sich nie trennte: Zwanzig Jahre verbrachten die beiden gemeinsam in der Schule, auf Festen und in Ferien, bis dann eines Tages der eine Arbeit an einem Bankschalter fand, während der andere mit einem Raumschiff startete. Der Astronaut schwirrt also so lange zwischen den Sternen herum, bis ihn eines Tages das Heimweh packt. Er kehrt nach Hause zurück und findet dort seinen Bruder vor, der inzwischen vierzig ist und Bankdirektor. Er selber hingegen ist erst einundzwanzig, weil nämlich (so sagt Einstein) zwanzig Jahre wie ein einziges Jahr sind, wenn man sich mit so hoher Geschwindigkeit, also fast mit Lichtgeschwindigkeit, bewegt. Es ist aber keinesfalls so, daß der Astronaut nur glaubt, daß für ihn nur ein Jahr vergangen ist, für ihn ist tatsächlich nur ein Jahr vergangen; seine Haut, seine Haare und alles übrige sind nur um ein Jahr gealtert. Die biologische Zeit seines Körpers hat sich während der Reise so verlangsamt, als hätten sich in seinen Zellen viele kleine Uhren befunden, die aufgrund der hohen Geschwindigkeit, mit der das Raumschiff sich durch das All bewegte, nachgingen.

War es schon nicht ganz einfach, die Dauer der Zeit in relativ kurzen Perioden zu definieren, so wird es erst richtig schwierig, wenn wir uns gedanklich an die äußersten Grenzen der Schöpfung versetzen, an das »Vor dem Vorher« und an das »Nach dem Nachher«, also an die Grenzen des Unendlichen.

Vor mir war Garibaldi, und vor Garibaldi war

Lorenzo il Magnifico, und vor Lorenzo il Magnifico war Epikur, und vor Epikur war die Vorgeschichte, und vor der Vorgeschichte war die Altsteinzeit, und davor der Big Bang, und vor dem Big Bang…? Hier halte ich ein, weil ich nicht weiß, was ich da noch erfinden soll. Das einzige, was mir noch einfällt, ist »Gott«, doch dies wäre jetzt an dieser Stelle eine allzu bequeme Antwort. »Was hat Gott gemacht, bevor er den Himmel und die Erde schuf?« fragt Augustinus und antwortet gleich selber: »Er hat nichts gemacht.«

Zu den gleichen Ergebnissen komme ich, wenn ich mich in die Zukunft vorwage. Meine Phantasie eilt mir immer weiter voraus, und ich frage mich ständig: »Was geschieht nach meinem Tod und nach dem Tod aller Menschen und nach dem Tod des Universums?« Sollte am Ende dieses ganzen Riesenspektakels wirklich gar nichts Organisiertes sein? Und sollten wir gar nichts tun können, um dieses Nichts zu verhindern? Sollen alle Meisterwerke, alle Großen, Sokrates, Jesus, Totò, die Neunte von Beethoven, Chaplin, Dostojewski, Shakespeare, Leonardo da Vinci und alle anderen ganz umsonst auf der Welt gewesen sein? Nur um die Menschheit an der Nase herumzuführen? Ich weigere mich, das zu glauben.

Federico Fellini stellt in der Schlußsequenz seines Films *I Clown* eine Hypothese auf: Wir werden uns alle, oder zumindest diejenigen, die sich lieben, in einer anderen Dimension wiedertreffen, und zwar höchstwahrscheinlich in einer musikalischen Dimension.

Ein Hanswurst erzählt: »Ich habe einmal mit einem Freund, der Fru-Fru hieß, eine Nummer gemacht: Wir haben so getan, wie wenn er tot wäre. Ich kam rein und fragte: ›Wo ist Fru-Fru?‹ Und der Direktor antwortete: ›Weißt du nicht, daß er gestorben ist?‹ ›Was soll das heißen, er ist gestorben?‹ protestierte ich. ›Er muß mir noch die zehn Würstchen zurückgeben, die ich ihm letztes Jahr geliehen habe!‹ Darauf der Direktor: ›Und doch ist er gestorben.‹ Da lief ich durch die ganze Manege und rief: ›Fru-Fru… Fru-Fru…‹, aber keiner antwortete. Und wenn er jetzt wirklich tot ist, dachte ich, wie soll ich ihn da wiederfinden? Man kann ja nicht einfach so verschwinden: Irgendwo muß er doch sein! Da kam mir eine Idee: Ich versuchte die Melodie unserer Nummer zu spielen, ja, und kaum hatte ich eine Note angeschlagen, da erschien er vor mir wie hingezaubert und antwortete mir mit seinem Instrument.«

Ob ich versuche, mir mit Hilfe meiner Phantasie den Anfang der Zeiten oder das Ende der Welt auszumalen, die Schwierigkeit ist immer die gleiche: Ich kann mit meiner Vernunft nicht nachkommen. Vielleicht sollte ich es mit der Intuition versuchen und die Vernunft sozusagen nur als Sprungbrett nehmen, um zur Wahrheit zu gelangen. Oder vielleicht sollte ich mich, von der vergeblichen Suche ermüdet, im Glauben ausruhen. Aber wäre es dann nicht besser, Professore Barbieris Ratschlag zu folgen und Gott aus eigenem Antrieb zu suchen, und nicht aus Bequemlichkeit einen schon vorgefertigten Glauben zu übernehmen?

4. Kapitel

DER RAUM

In einem Mathematikbuch der Mittelstufe lese ich: »Auf einer Fläche α mit zwei senkrecht zueinanderstehenden Achsen *a* und *b*, der sogenannten Abszissenachse und Ordinatenachse, ist es stets möglich, einen Punkt P als Treffpunkt zweier zu den Achsen paralleler Geraden, die von den Koordinaten *x* und *y* geführt werden, zu bestimmen.«

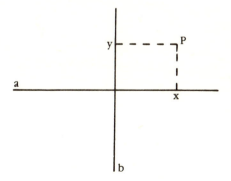

Nach dieser Lektüre ist es leicht zu verstehen, warum ein Junge, der noch in kurzer Hose herumläuft, zu dem Entschluß kommt, von nun an die Mathematik links liegenzulassen. Und man versteht auch, warum er sich als Erwachsener, wenn ihm jemand eine mathematische Formel erklären will, die vielleicht sogar ganz einfach ist, mit den Worten abwenden wird: »Tut mir leid, aber von Mathematik habe ich absolut keine Ahnung.«

Sehen wir uns hingegen einmal an, wie das obige mathematische Problem, also die Darstellung eines zweidimensionalen Raums, viel verständlicher erklärt werden kann, nämlich indem man dazu eine Geschichte erzählt.

Es war einmal ein steinreicher Chinese, der hatte zwei ausgesprochen böse, habgierige Neffen. Der gute Mann fürchtete, und dies nicht ohne Grund, daß die beiden ihn berauben wollten, und so kam er auf die Idee, seine gesamten Reichtümer eines Nachts im Garten zu vergraben. Doch der Garten war riesengroß, und der Chinese war leider nicht so klug, die Stelle, wo der Schatz vergraben war, mit einem deutlichen, stabilen Zeichen zu markieren. Er steckte nur ein dünnes Bambusrohr in die

104

Erde, das aber bald schon vom Wind fortgeweht wurde. Wir können uns die Verzweiflung des reichen Chinesen vorstellen, als er am nächsten Morgen das Zeichen nicht mehr fand! Aber er gab nicht auf und brachte den Rest seines Lebens damit zu, Tag für Tag seinen Garten umzugraben, auf der vergeblichen Suche nach seinem eigenen Schatz.

Ja, hätte der alte Chinese sich schon einmal mit dem kartesischen Koordinatensystem beschäftigt, wäre ihm das alles nicht passiert; er hätte bloß auf zwei rechtwinkligen Außenmauern des Gartens je eine Markierung anbringen müssen, etwa einen Pinselstrich mit weißer Farbe, und hätte dann am Treffpunkt der Bezugslinien, wie auf der Zeichnung unten zu sehen, nach seinem Schatz graben können.

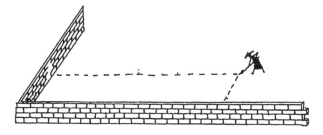

Und wenn der Raum, in dem es zu suchen galt, dreidimensional gewesen wäre? Wenn in dem Garten ein Turm gestanden und der Chinese all seine Reichtümer in einem der Stockwerke versteckt hätte? Kein Problem: Er hätte nur anzeichnen müssen, auf welcher Höhe vom Boden aus der Schatz versteckt ist.

Wir können also sagen, daß die drei Größen x, y und z ausreichen, um irgendeinen Punkt im Raum zu bestimmen, vorausgesetzt natürlich, es handelt sich um einen euklidischen Raum, das heißt, um einen Raum mit drei Dimensionen.

Wer das kartesische Koordinatensystem schwer verdaulich findet, der sehe sich einmal in dem Raum um, in dem er gerade sitzt und dieses Buch liest. Offensichtlich hat das Zimmer drei Dimensionen, nämlich eine Höhe, eine Länge und eine Breite. Und das sind genau die drei Dimensionen, von denen hier die Rede ist.

Die Darstellung des Raums wird jedoch erheblich komplizierter, wenn zu den drei Dimensionen, an die wir gewöhnt sind, eine vierte hinzukommt. Denn diese vierte Dimension kann man sich wirklich nur schwer vorstellen.

»Und warum sollen wir sie uns dann vorstellen?« könnte der Leser einwenden.

»Weil wir unglücklicherweise (oder glücklicherweise) gezwungen sind, in einem vierdimensionalen Raum zu leben.«

106

»Und was ist diese vierte Dimension?«
»Das ist die Zeit.«
»Ach!«

Die Sache mit der vierten Dimension ist ein Phänomen, das man unbedingt verstehen sollte: Wir
bewegen uns unablässig im Universum und verändern daher laufend unsere geometrischen Positio-
nen in einem imaginären Bezugssystem von drei
Geraden. Gleichzeitig variiert aber auch die Geschwindigkeit, mit der die Zeit vergeht, und zwar
je nach der Geschwindigkeit, mit der sich ein Objekt im Raum bewegt. Man kann also sagen, daß
die klassischen drei Dimensionen mit der Zeit in
einem Raum-Zeit-Gefüge verflochten sind.

Bis zur Entdeckung der Relativitätstheorie war
für die Beschreibung des Raums ausschließlich
die euklidische Geometrie zuständig. Die Zeit
hingegen wurde als physikalisches Phänomen betrachtet, das sich nach dem Lauf der Sonne bezie-
hungsweise der Drehung der Erde um die Sonne
berechnen läßt. Die beiden Gebiete blieben gänz-
lich voneinander getrennt: Die Distanzen des
Raums wurden mit dem metrischen System ge-
messen, die Zeit mit Kalender oder Uhr. Durch
Einstein änderten sich die Dinge: Zeit und Raum

wurden nun als Ganzheit gesehen; sie beeinflussen sich gegenseitig aufgrund der Geschwindigkeit, mit der sich die Koordinaten in diesem Zeit-Raum-Gefüge verschieben. Das Universum wurde nicht mehr als eine Gesamtheit von geometrischen Punkten betrachtet, sondern als ein Aufeinanderfolgen von Ereignissen, die durch vier Koordinaten dargestellt werden können: durch drei Raum- und eine Zeitkoordinate. Zugegeben, das alles ist gar nicht so leicht zu verstehen. Einstein selbst hat, wenn er auf den Raum mit vier Dimensionen zu sprechen kam, gerne gesagt: »Eine geheimnisvolle Ergriffenheit überkommt den Nichtmathematiker, wenn er von vierdimensionalen Räumen sprechen hört: dem Gefühl nicht unähnlich, das das Erscheinen eines Gespenstes in uns wachruft. Trotzdem gibt es keine banalere Aussage als die, daß die Welt, in der wir leben, ein Raum-Zeit-Kontinuum mit vier Dimensionen ist.«

Bevor wir tiefer in die Materie einsteigen, fühle ich mich jedoch verpflichtet, den Leser zu warnen: Auf den folgenden Seiten will ich so einleuchtend wie möglich zu erklären versuchen, wie eng Zeit und Raum miteinander verbunden sind.

Trotzdem sind zum Verständnis dieser Ausführungen leider einige elementare Mathematikkenntnisse notwendig, Kenntnisse, die ich mir vor vielen Jahren an einem Regentag im Gymnasium angeeignet habe. Wer jedoch damals den Unterricht geschwänzt hat und sich jetzt nicht in der Lage sieht, sich mit dem Thema auseinanderzusetzen (das ist keine Schande, glauben Sie mir), kann sofort weiterblättern bis zu dem Abschnitt, der mit »Was kann man nun über das Universum...« beginnt. Die anderen dürfen mir vertrauensvoll folgen. Ich werde mein Bestes tun, um Sie gut und sicher ans Ziel zu lotsen.

Als erstes gilt es, eine kleine Formel zu begreifen, aus der hervorgeht, daß die Zeit unterschiedlich schnell verrinnt, je nach der Geschwindigkeit, mit der sich der Träger einer Uhr bewegt. Ich weiß, das klingt unglaublich. Aber da Einstein das gesagt hat, können wir nicht einfach darüber hinweggehen. Also, fassen wir uns ein Herz, und schauen wir uns die Formel einmal an.

$$t = \frac{1''}{\sqrt{1 - \frac{v^2}{c^2}}}$$

Nehmen wir an, t ist die Zeit, die der Sekundenzeiger braucht, um einmal vorzurücken, und 1″ ist eine Sekunde.

Die Formel besagt, daß die Zeit, die der Zeiger für ein Vorrücken braucht, nicht haargenau eine Sekunde beträgt, sondern ein klein wenig mehr, da auch die Geschwindigkeit zu berücksichtigen ist, mit der wir uns gleichzeitig im Raum bewegt haben. Mit anderen Worten: Je höher unsere Geschwindigkeit im Raum, desto langsamer geht die Uhr. Also ein kleiner Tip: »Willst du etwas langsamer altern, dann renn, so schnell du kannst!«

Schauen wir uns jetzt einmal das Verhältnis $\dfrac{V^2}{C^2}$ an, das im unteren Teil der Formel erscheint: v ist die Geschwindigkeit, mit der wir uns im Raum bewegen, und c ist die Lichtgeschwindigkeit. Da v nun enorm viel kleiner ist als c, wird das Verhältnis zwischen den beiden Quadratzahlen praktisch gleich null. Und daher ist auch die Zeit t tatsächlich gleich 1, und unser Zeiger braucht tatsächlich eine Sekunde für jedes Vorrücken.

Würde sich jedoch die Geschwindigkeit v (mit der wir uns im Raum bewegen) an die Lichtgeschwindigkeit annähern (wie bei dem Zwilling im Weltraum im vorigen Kapitel), nähme auch die

110

Zeit t entsprechend zu, bis sie schließlich unendlich würde. In diesem Fall würde das Verhältnis $\frac{V^2}{C^2}$ gleich 1 werden (da v und c gleich wären), und und alles, was in der Quadratwurzel steht, wäre gleich null. Jetzt entdecken wir (wenn wir uns erinnern, daß jede Zahl durch null geteilt unendlich ergibt), daß der Sekundenzeiger unendlich viel Zeit für ein Vorrücken braucht, und daß unsere Uhr daher stehengeblieben ist.

Aber auch der Raum will da nicht zurückstehen, und so verändert auch er sich mit dem Anwachsen der Geschwindigkeit. Es ist tatsächlich anzunehmen, daß sich ein mit höchster Geschwindigkeit bewegter Körper etwas verkleinert, entsprechend einer Konstante, die der niederländische Physiker Hendrik Lorentz formuliert hat. Es ist jedoch unmöglich, diese sogenannte Lorentz-Kontraktion empirisch nachzuweisen, da sich auch ein Meßgerät, das mit der gleichen Geschwindigkeit bewegt wird, entsprechend verkleinern würde.

Was kann man nun über das Universum unter diesen Voraussetzungen sagen? Ist es endlich oder unendlich? Und wenn es endlich ist, was finden wir dann jenseits seiner Grenzen?

Manche Leute sind der Ansicht, das Universum sei ein riesiger aufgeblähter Ball, der sich, während wir uns hier über das Problem Gedanken machen, immer weiter aufbläht. Im Zentrum dieses Balles soll demnach vor ungefähr fünfzehn Milliarden Jahren etwas explodiert sein, das extrem klein und komprimiert war, ein Phänomen, das gemeinhin als Big Bang bekannt ist. Aber was heißt klein? Komprimiert wie eine Bleikugel? Jedenfalls sollen durch diesen Urknall Milliarden und Abermilliarden von Splittern in jede Richtung fortgeschleudert worden sein, aus denen dann Galaxien, Sterne und Planeten entstanden.

Dieses Modell des Universums ist notwendigerweise ungenau: Als Ausgangspunkt für einige grundlegende Gedanken ist es jedoch ganz brauchbar.

Beginnen wir mit der Frage, ob das Universum nun endlich oder unendlich ist, und ob es ein Zentrum aufweist, wo man den Urknall ansiedeln könnte. Zunächst einmal können unendliche Dinge, eben weil sie unendlich sind, kein Zentrum haben. Wenn wir jedoch eine Dimension dazu nehmen, wird früher oder später ein Zentrum erkennbar. Nehmen wir als Beispiel dazu die gekrümmte Oberfläche einer Kugel: Da sie unendlich oft und in alle Richtungen zu umlaufen ist, kann sie kein Zentrum haben. Wenn wir sie jedoch als Kugel betrachten, das heißt als einen dreidimensionalen Körper, fällt es nicht schwer, ein Zentrum zu bestimmen. Diese Überlegung können wir auch auf das Universum übertragen; stellen wir es uns als unendlichen dreidimensionalen Raum vor, ist es ein hoffnungsloses Unterfangen, ein Zentrum bestimmen zu wollen. Stellen wir es uns jedoch als endlichen, nämlich in der vierten Dimension gekrümmten Raum vor, läßt sich auch die Hypothese eines Zentrums aufstellen.

Dieser Trick, nämlich eine geometrische Figur mit einer Anzahl von Dimensionen zu beschreiben, die sich von der realen Anzahl unterscheidet, kann sehr hilfreich sein. So kann man nämlich jemandem erklären, der mit Räumen mit n Dimensionen nicht vertraut ist, was passieren kann, wenn man von den drei Dimensionen, an die er gewöhnt ist, zu vier Dimensionen übergeht. Dazu gleich ein Beispiel, um die Sache anschaulicher zu machen.

Nehmen wir an, wir wären alle eindimensionale Wesen und würden als Gäste in der Talk-Show von Maurizio Costanzo auftreten. Die Studio-

113

bühne ist bloß der Abschnitt einer Geraden, und jeder von uns ein Strich. In nichts unterscheiden wir uns, nur in der Länge. So ist Maurizio Costanzo* zum Beispiel ein kurzer Strich, während Pippo Baudo** (der Ehrengast) schon etwas länger ist, nicht aber dünner (worüber Maurizio Costanzo ganz glücklich ist). Das Thema, über das wir reden, ist die Unendlichkeit des Universums.

»Du als Ingenieur«, wendet sich Costanzo an mich, »wie stellst du dir die Gerade des Universums vor? Ist sie endlich oder unendlich? Und was kommt danach, wenn sie irgendwo aufhört? Eine weitere Gerade?«

Ich will gerade antworten, als ein neuer Strich die Bühne betritt: Einstein persönlich.

Applaus von den Strich-Zuschauern.

Der große Wissenschaftler lächelt und erklärt uns in seiner typisch gutmütigen Art, daß das Universum endlich ist, weil es gekrümmt ist, gekrümmt durch die Zeit. Mit anderen Worten, würden wir ihm immer weiterfolgen, kämen wir schließlich an den Ausgangspunkt zurück.

»Wenn Sie zum Beispiel«, wendet er sich an

---

* Der Talkmaster ist klein und untersetzt (Anm. d. Übers.)
** Italienischer Showmaster vom Konkurrenzsender (Anm. d. Übers.)

114

Pippo Baudo, »sehr, sehr scharfe Augen hätten, müßten Sie, wenn Sie vor sich blicken, Ihren eigenen Nacken erkennen können.«

Applaus von den Strich-Zuschauern.

Mir ist noch nicht ganz klar, was er meint, obwohl ich seinen Witz auch ganz lustig finde.

»Was bedeutet ›gekrümmt‹?« frage ich ihn.

»Gekrümmt wie ein Kreis«, präzisiert Einstein.

»Und was ist ein Kreis?«

»Ein Kreis ist eine zweidimensionale geometrische Figur, das heißt, eine Gerade, die sich in sich selbst schließt«, erklärt Einstein geduldig. Uns aber ist die Sache immer noch nicht klarer. Wir kennen nur eindimensionale Figuren, und da natürlich keine zweidimensionale Tafel zur Hand ist, kann er uns den Kreis auch nicht aufzeichnen.

Und auf die gleichen Schwierigkeiten stoßen wir heute, wenn wir Einstein verstehen wollen, der uns erklärt, daß das Universum in der vierten Dimension gekrümmt und daher endlich ist. Und das alles nur wegen der Zeit.

Versuchen wir nun, uns ein maßgeschneidertes Universum vorzustellen, und nehmen wir an (in einem Anflug von Egozentrismus), wir wären das feste Zentrum der gesamten Schöpfung. In diesem Fall würden sich, wie der amerikanische Astronom Edwin Hubble herausgefunden hat, alle anderen Galaxien von uns fortbewegen. Und zwar mit einer Geschwindigkeit, die immer mehr zunimmt, je weiter diese Galaxien von unserem Sonnensystem entfernt sind. Und da ihre Fluchtgeschwindigkeit ständig ansteigt, muß sich – man denke an unsere Formel – die Zeit ihrerseits immer mehr verlangsamen.

An diesem Punkt können wir die Hypothese aufstellen, daß das Universum tatsächlich eine Grenze hat, eine Grenze, an der die Galaxien sich bis zur Lichtgeschwindigkeit beschleunigt haben.

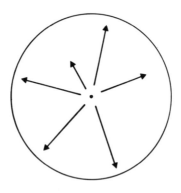

Frage: Was geschieht jenseits der Grenze? Antwort: Die Zeit bleibt stehen.

Die Ewigkeit wäre demnach keine unendliche Abfolge von Jahrhunderten, sondern Zeit, die nie vergeht. Darüber hinaus würde auch die Masse an den Grenzen des Universums unendlich werden. Denn die Masse erhöht sich gleichzeitig mit der Geschwindigkeit, wie aus der Formel unten – die der uns bekannten für die Zeit entspricht – ersichtlich wird.

$$m = \frac{m_0}{\sqrt{1 - \frac{v^2}{c^2}}}$$

Doch was ist eigentlich Masse? Die Masse ist, sehr vereinfacht ausgedrückt, jene Kraft, die auf einen Körper einwirken muß, um ihn ein ganz klein wenig zu verschieben. Daraus folgt: Würde sie an einem Punkt im Raum unendlich, müßte der entsprechende Körper unbeweglich werden.

So könnte man sagen, daß in unserem imaginären Universum alles, was sich jenseits der Grenzen befindet, ›Eins‹, ›Unbeweglich‹ und ›Ewig‹ wird, genau wie das berühmte Sein des Parmenides*. So gesehen wäre das Universum nicht mehr

---

* Griechischer Philosoph, lebte um 500 v. Chr. Sein Lehrgedicht schildert, wie der Dichter von der Göttin Dike über die Wahrheit des Seins belehrt wird (Anm. d. Übers.)

als ein Furunkel des ›Werdens‹, das sich im Meer des ›Seins‹, das heißt des ›Nichts‹ auflöst. Und wenn ich von ›Nichts‹ spreche, meine ich ein ›Nichts‹ mit vier Dimensionen. Niemand kann jedoch ausschließen, daß es auch noch eine fünfte gibt.

Kleine Bibliographie

Um mehr (oder sehr viel mehr) über die hier behandelten Themen zu erfahren, müßte sich der Leser dazu aufraffen, einige weitere Bücher zu lesen, wobei er, wenn möglich, nur solche zur Hand nehmen sollte, die zwar wissenschaftlich korrekt, aber auch klar in den Ausführungen sind. Wie man sich leicht vorstellen kann, wäre die entsprechende Bibliographie mehr als umfangreich. Man könnte sie natürlich vollständig (oder fast vollständig) wiedergeben, wobei sich die Genugtuung desjenigen, der sie vorstellt, und die Verärgerung derer, die sich mit ihr herumschlagen sollen, wohl ungefähr die Waage halten würden. Ich beschränke mich hier darauf, einige wenige Bücher vorzuschlagen, in der Annahme, daß der Leser, der meine Anregungen aufgreift, an den großen

Themen relativ interessiert ist, wobei ich mit »relativ interessiert« das richtige Maß meine, zwischen Wissensdurst auf der einen und der Angst, die Dinge nicht zu begreifen, auf der anderen Seite.

Zum Thema Zufall und Notwendigkeit ist das gleichnamige Buch von Jacques Monod (*Zufall und Notwendigkeit.* München 1982) ein Muß. Monod ist Biologe, und das merkt man leider; trotz des streng wissenschaftlichen Stils sind das 1., 6. und 7. Kapitel aber noch ganz gut lesbar. Und da Sie das Geld für das Buch nun schon einmal ausgegeben haben, blättern Sie doch auch mal im 4. Kapitel, wo Monod auf den zweiten Hauptsatz der Thermodynamik eingeht. Zum Thema Entropie möchte ich Sie noch auf zwei weitere Bücher hinweisen: Das erste ist von Jeremy Rifkin (*Entropie.* Hamburg 1982). Hier finden Sie alles Wissenswerte zum Problem der Unordnung und wie wir mit ihr umgehen müßten, um unsere Zukunft nicht zu verspielen. Das zweite stammt aus der Feder von Francesco Grianti (*Quest' ultima partita.* Mailand 1990; liegt nicht auf deutsch vor); er ist meines Wissens der einzige, der die Entropie nicht nur im Licht der

120

Wissenschaft betrachtet, sondern auch im Hinblick auf den Glauben. Zu Grianti sollte ich noch erwähnen, daß ich nach seinen Ideen die Figur des Professors Riganti im zweiten Kapitel gestaltet habe, worauf auch schon die Namesangleichung hinweist.

Zu den Problemfeldern Raum und Zeit sollte man unbedingt den guten alten Russell lesen (Betram Russell: *Das ABC der Relativitätstheorie*. Frankfurt a. M., 1989). Ich muß wohl nicht extra betonen, daß die Relativitätstheorie wirklich schrecklich schwer zu vermitteln ist. Russell meint, die meisten, die sich daran versuchen, führten den Leser freundlich bei der Hand, solange die Zusammenhänge noch einfach sind, und ließen ihn dann, sobald es etwas komplizierter wird, im dunklen Wald allein zurück. Ich kann Ihnen jedoch zwei Bücher empfehlen, die wirklich mehr Klarheit in die Sache bringen: *Anti-Chaos: der Pfeil der Zeit in der Selbstorganisation des Lebens*. (Reinbek b. Hamburg 1992) und *Un universo troppo semplice* von Giuliano Toraldo di Francia (Mailand 1990; liegt nicht auf deutsch vor).

Aus Freude am Lesen

Doris Lessing

Doris Lessing legte 1962 mit dem Roman »Afrikanische Tragödie« den Grundstock zu ihrem umfangreichen literarischen Werk, das inzwischen Weltruhm genießt. Sie wurde 1919 in Persien geboren und zog 1924 mit ihrer Familie nach Rhodesien. Seit 1949 lebt sie in England.

Autobiographie
530 Seiten
btb 72045

In ihrer Autobiographie »Unter der Haut« erzählt Doris Lessing die Geschichte der ersten dreißig Jahre ihres Lebens – von ihrer Kindheit und Jugend, von der ersten unglücklichen Ehe, der Geburt ihrer Kinder und dem Beginn ihres politischen Engagements.
»Ein fesselnder, bemerkenswerter Lebensroman.«
DIE WELT

Aus großer Zeit
Roman
450 Seiten
btb 72015

Walter Kempowski

Die tragikomischen Geschicke der großbürgerlichen Reederfamilie Kempowski in der Zeit des Ersten Weltkriegs, erzählt von einem der bedeutendsten Romanciers der Nachkriegszeit und dem wohl wichtigsten literarischen Chronisten Deutschlands.

Tadellöser & Wolff
Roman
475 Seiten
btb 72033

Mit subtiler Ironie und einem Blick für das nur Allzumenschliche schildert der Rostocker Reederssohn Kindheit und Jugend in der Nazizeit. Mit dem atmosphärisch dichten und milieugetreuen Roman gelang Walter Kempowski Anfang der siebziger Jahre der literarische Durchbruch.

Der Winter unsres
Mißvergnügens
Aus den Aufzeichnungen
des OV Diversant
220 Seiten
btb 72057

Stefan Heym

Ein brisantes politisches Lehrstück und ein Beispiel für Mut und Zivilcourage unter den Bedingungen der Diktatur: Stefan Heyms Tagebücher aus der Zeit der Biermann-Ausbürgerung, ergänzt durch bislang unbekannte Stasi-Dossiers, beschreiben auf beklemmende Weise die Mechanismen von Bespitzelung, Psychoterror und Einschüchterung.

Lebenszeit
280 Seiten
btb 72019

Erwin Strittmatter

Kurze Erzählungen, Betrachtungen, Zeugnisse und Auszüge aus Erwin Strittmatters wichtigsten Romanen sind in diesem Lesebuch zusammengefaßt, das einen hervorragenden Einstieg in das Gesamtwerk des Autors bietet. Eines der persönlichsten Bücher des großen Sprachkünstlers und Dichters.